AF314720

CATALOGUE

D'UNE COLLECTION DE

LIVRES RARES

EN GRANDE PARTIE RELIÉS EN MAROQUIN

PROVENANT DES VENTES DE

MM. YEMENIZ, CAPÉ, VAN DER HELLE, GANCIA

ET D'AUTRES FAITES A PARIS ET A LONDRES

Belles reliures anciennes, dont une aux armes et au salamandre de François Ier

DONT LA VENTE SE FERA

Le jeudi 5 novembre 1868 et les deux jours suivants
à 7 heures du soir

Rue des Bons-Enfants, 28 (maison Silvestre)

SALLE DU PREMIER

Par le ministère de Me DELBERGUE-CORMONT, commissaire-priseur
Rue de Provence, 8.

PARIS

LIBRAIRIE TROSS

5, RUE NEUVE-DES-PETITS-CHAMPS, 5

1868

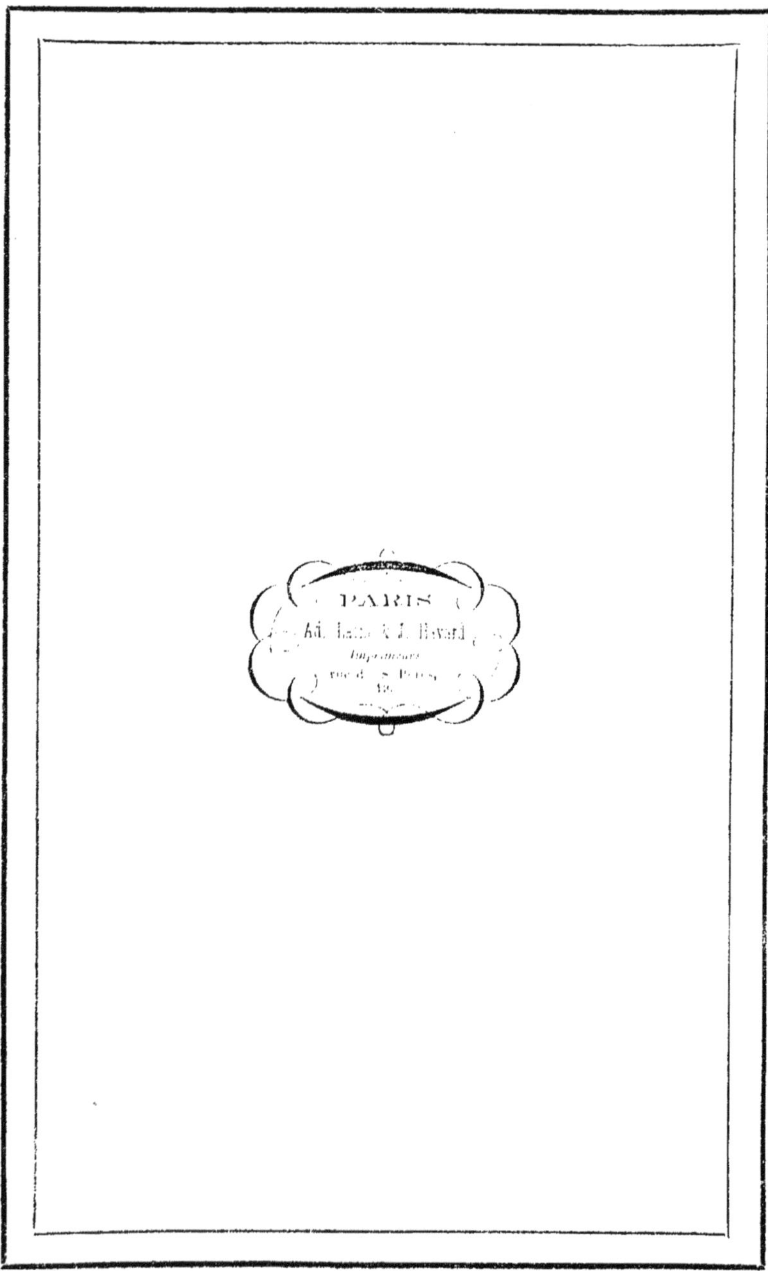

PARIS
Ad. Lainé & J. Havard
Imprimeurs
rue des Saints-Pères
19.

CATALOGUE

DE

LIVRES RARES

ORDRE DES VACATIONS.

Paris. — Imprimerie de Ad. Lainé et J. Havard, rue des Saints-Pères, 19.

CATALOGUE

D'UNE COLLECTION DE

LIVRES RARES

EN GRANDE PARTIE RELIÉS EN MAROQUIN

PROVENANT DES VENTES DE

MM. YEMENIZ, CAPÉ, VAN DER HELLE, GANCIA

ET D'AUTRES FAITES A PARIS ET A LONDRES

Belles reliures anciennes, dont une aux armes et au salamandre de François Ier

DONT LA VENTE SE FERA

Le Jeudi 5 novembre 1868 et les deux jours suivants
à 7 heures du soir

Rue des Bons-Enfants, 28 (maison Silvestre)
SALLE DU PREMIER

Par le ministère de Me DELBERGUE-CORMONT, commissaire-priseur
Rue de Provence, 8.

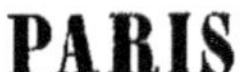

PARIS

LIBRAIRIE TROSS

5, RUE NEUVE-DES-PETITS-CHAMPS, 5

1868

CONDITIONS DE LA VENTE.

Il y aura, *chaque jour de vente, exposition, de deux à quatre heures, des livres qui seront vendus le soir.*

Les livres vendus devront être collationnés sur place dans les vingt-quatre heures de l'adjudication. Passé ce délai, ou une fois sortis de la salle de vente, ils ne seront repris pour aucune cause.

Les acquéreurs payeront, en sus du prix d'adjudication, cinq centimes par franc, applicables aux frais.

CATALOGUE

LIVRES RARES.

I. THÉOLOGIE.

1. Sacrorum librorum Vulgatæ editionis concor-
dantiæ, auctore Hugone Cardinali ord. præd. *Lugduni, A. Juilleron*, 1649, in-4, maroq. rouge à
comp. tr. dor. (*Première reliure.*)
    Belle reliure dorée à petits fers.

2. Le Sacre Historie de l'Antico Testamento dal
principio di Giosuè insin 'al fin del quarto libro
dei Re, con discorsi molto utili à instruttion
d'ogni fedele, descritte in ottava rima dal R. P. F.
Sisto Poncello da Carauonica. *Padova, L. Pas-
quati,* 1568, in-4, maroq. bleu à comp. en or,
tr. dor.
    Belle reliure aux armes de Côme de Médicis, peintes en or et couleurs
sur les plats, surmontées d'une couronne impériale et entourées de l'ordre
de la Toison d'Or.

3. Les Nombres, traduits en françois, avec l'explication du sens littéral et du sens spirituel, tirés
des saints Pères et des auteurs ecclésiastiques.
Paris, Desprez, 1685, gr. in-8, maroq. rouge à
comp. tr. dor. (*Anc. rel.*)

4. Psalterium Davidis cum commentariis J. Fabri
(latine). *Parisiis, S. Colinæus,* 1524, in-16, maroq.
ol. dos orné. tr. dor.
    Belle reliure, aux armes de Bizian. Le titre manque.

5. Psaumes de David, traduction nouvelle selon l'hébreu. *Paris, P. le Petit*, 1670, in-12, fr. gr. maroq. rouge, fil. doublé de mar. bleu, dent. tr. dor. (*Jolie reliure ancienne.*)

6. Les Pseaumes de David, mis en rime françoise par Clément Marot et Théodore de Bèze. *Charenton, E. Lucas*, 1682, in-32, musique notée, vél. blanc à riches compart. en or, tr. dor. (*Rel. de l'époque.*)

7. Historia Ruth, ex ebræo latine conversa et commentario explicata... opera et studio J. Drusii. *Franckeræ, Radæus*, 1586. — Esthera, ex interpretatione S. Pagnini, J. Drusii in eam annotationes. *Lagduni Bat., J. Pætsius*, 1586, 1 vol. pet. in-8, maroq. vert, fil. tr. dor.

Aux premières armes de J.-A. de Thou.

8. Pseautier de David, traduit en françois, avec des notes courtes tirées de S. Augustin et des autres Pères. *Paris, Josset*, 1709, in-12, maroq. bleu, dent. tr. dor. (*Belle reliure ancienne.*)

9. Dionysii Petavii, e soc. Jesu, Paraphrasis Psalmorum omnium Davidis, nec non Canticorum quæ sparsim in Bibliis occurrunt, græcis versibus edita, cum latina interpretatione. *Parisiis, S. Cramoisy*, 1637, in-12, mar. r. dent. tr. dor. (*Anc. reliure fleurdelisée aux armes et au chiffre de Louis XIII.*)

10. Paraphrasis poetica in psalmos Davidis et cantico breviarii adjectis scholiis a L. Magnetio, soc. Jesu. *Lutetiæ, A. Vitray*, 1634, in-4, mar. br. rel. fleurdelisée, tr. dor.

11. Commentaire littéral sur les pseaumes de David, inseré dans la traduction françoise avec le texte latin à la marge, par le R. P. de Carrières. *Reims, F. Godard*, 1709, mar. rouge, tr. dor. (*Anc. rel.*)

12. Biblos thos Bosein. Commentarius in prophetas hebraice. *Trebisondæ*, 1574, in-fol. à 2 col. vél.

Volume extrêmement rare, comme tous les livres hébreux imprimés en Asie à cette époque.

13. Liber Esther, *hebraice*. Rouleau d'environ 2 mètres de longeur sur 42 centimètres de hauteur.

Manuscrit sur VÉLIN, du XVᵉ siècle, sans ponctuation. Il est d'une belle écriture carrée.

14. Les Proverbes de Salomon. Le Ecclesiaste. Cantique des Cantiques. Liure de Sapience. Ecclesiastique. Le tout traduit en françois et reduit par versets. *Paris, Jean de Heuqueville,* 1584, in-16, maroq. br. à comp. dos orné, tr. dor. (*Première reliure.*)

La jolie et fine reliure porte aux quatre coins des plats les chiffres B. B. et A. M. entrelacés.

15. Le Livre de l'Ecclesiastique, autrement appellé la Sapience de Jesus, fils de Sirach. Liure tresutile pour l'instruction d'un chacun. *A Anvers, de l'imprimerie de Christophe Plantin,* 1564, pet. in-8, 181 pages et 1 feuillet blanc, br.

Exemplaire neuf et non rogné de ce charmant volume imprimé en CARACTÈRES DE CIVILITÉ. Il est de la plus grande rareté.

16. Les Proverbes de Salomon et l'Ecclésiaste, mis en vers françois par Paul Perrot. *Paris, M. Guillemot,* 1602, in-12, v. marbr. fil. tr. dor.

17. Le Livre de la Sagesse, en françois, avec des reflexions morales sur chaque verset. *Paris, Simart,* 1712, in-12, maroq. r. tr. dor. (*Anc. rel. janséniste.*)

18. Testamentum Novum, græce. Ex bibliotheca regia. *Lutetiæ, ex off. Roberti Stephani,* 1569, 2 vol. en un, in-16, maroq. olive à riches comp. tr. dor. (*Anc. rel.*)

Bel exemplaire, dans une jolie reliure aux chiffres d'un membre de la famille d'Estrées.

19. Le Nouveau Testament, avec les Pseaumes en musique par Clement Marot et Th. de Bèze, etc. *Charenton, Est. Lucas,* 1658, in-12, bas. maroq. rouge, à petits fers, tr. dor. (*Anc. reliure.*)

20. Il Nuovo Testamento di Christo Giesu signore e salvatore nostro. Di greco tradotto in lingua tos-

cana per Antonio Brucioli. *Stampato in Venetia, per B. de Zanetti da Bressa*, 1540, 2 part. en 1 vol. pet. in-8, caract. ronds, cart.

21. Concorde des quatre evangelistes, représentant l'histoire de N.-S. Jésus-Christ, par M. Le Roux. *Aux dépens de l'auteur, chez J. Anisson*, 1699, in-8, maroq. noir, fil. tr. dor. (*Aux armes de France.*)

Première édition, dédiée à Mme de Maintenon.

22. Pauli apostoli Epistolæ. Epistolæ catholicæ. Apocalypsis Johannis theologi, græce et latine. *Ex officina R. Stephani*, 1551, pet. in-8 réglé, veau br. à comp. fil. tr.

Reliure ancienne, mais dont le dos est refait.

23. Les Epistres sainct Pol glosées. *Paris, Ant. Verard*, 1507, in-4 goth. cart. (*Déchirure au titre.*)

Volume très-rare. Belles et curieuses gravures sur bois.

24. Adnotationes et meditationes in Evangelia quæ in sacrosancto missæ sacrificio toto anno leguntur, aut. H. Natali. *Antverpiæ, Mart. Nutius*, 1594, in-fol. front. grav. maroq. rouge à compart. tr. dor. (*Anc. rel.*)

Bel exemplaire. Le texte seulement.

25. Analyse de l'Evangile, selon l'ordre historique de la concorde, avec des dissertations sur les lieux difficiles. — Analyse des Actes des apôtres. — Des Epîtres de saint Paul et des Epîtres canoniques. — De l'Apocalypse, par un prêtre de l'Oratoire (le P. Mauduit). *Paris, Roulland*, 1697, 9 vol. pet. in-8, maroq. rouge, fil, tr. dor. (*Anc. rel.*)

26. Missæ episcopales pro sacris ordinibus conferendis secundum ritum sacrosanctæ romanæ Ecclesiæ. *Venetiis, apud Junctas*, 1563, in-fol. goth. à 2 col. maroq. noir à riches comp. tr. dor. gaufr.

Beau volume imprimé en rouge et noir, et orné de nombreuses et jolies gravures en bois.

27. Breviarium Romanum ex decreto concilii Tridentini restitutum, Pii V jussu editum. (Avec les rubriques traduites en françois par le commandement exprès du Roy, pour l'usage de ses religieuses congrégations, par E. Auger.) *Paris, J. Mettayer*, 1588, 2 vol. gr. in-fol. mar. rouge, comp. tr. dor. (*Anc. rel. ornée sur les plats et le dos de trois C entrelacés.*)

Édition magnifique, imprimée en rouge et noir. Elle est ornée de nombreuses et belles gravures en taille-douce.

28. Liber psalmorum, cum Canticis et Hymnis, jussu Reginæ Matris impressus. *Parisiis, Abel Langelier*, 1586, gr. in-12, maroq. olive, à riches comp. tr. dor. ferm. en argent.

Ce beau livre est relié d'une façon splendide en maroquin olive foncé, surchargé de dorures représentant une suite régulière d'ovales formés par des feuillages. Ces ovales sont alternativement remplis par des D entrelacés, par des flammes du Saint-Esprit et par des S barrés. On reconnaît immédiatement une de ces reliures de la fin du xvie siècle destinées aux personnages les plus marquants de la cour de Henri III.

Celle-ci a été exécutée pour Diane de France, fille légitimée de Henri II, et successivement mariée à Horace Farnèse, duc de Castro, tué à la prise d'Hesdin, en 1563, et en secondes noces au jeune duc *François de Montmorency*, fils du connétable.

29. Livre de prières. 62 feuillets dont le dernier blanc, in-32, maroq. rouge, fil. tr. dor. dans un étui de maroq. vert. (*Bradel.*)

Charmant manuscrit sur peau de vélin, exécuté par Jarry, quoiqu'il ne soit pas signé par lui. Il est en partie en caractères ronds, en partie en caractères italiques, et écrit en noir, rouge et bleu. Les grandes initiales et les têtes de pages sont en or et couleurs, et chaque page est entourée d'un filet d'or. Les deux premiers feuillets sont occupés par deux très-belles miniatures, et le troisième représente les armes de la famille Chabot, entourées d'arabesques.

30. Heures nouvelles dédiées aux Dames de St-Cyr, contenant les offices de l'Eglise à l'usage de Rome et de Paris, en latin et françois. *A Paris, Fr. Cuissart*, 1720, in-8, mar. rouge, dent. tr. dor. (*Anc. rel.*)

Reliure parfaitement bien dorée.

31. L'Office de la semainte saincte, corrigé de nouveau par le commandement du Roy. *Paris, E. Ri-*

cher (1638), in-8. maroq. rouge, bordure de fleurs de lis, fil. tr. dor. (*La tranche a été redorée.*)

Exemplaire Van der Helle (n° 204), dans une belle reliure ancienne, aux armes et au chiffre de Louis XIII.

32. Thresor de deuotion, contenant plusieurs oraisons deuotes et exercices spirituels : pour dire en eglise pendant l'office diuin. *A Douay, de l'imprimerie de Jean Bogard*, 1574, pet. in-8 goth., fig. en bois et bordure à chaque page, v. fil.

Volume de la plus grande rareté, imprimé en rouge et noir.

33. Christlicher Seelen-Schatz auszerlesener Gebetter (Trésor chrétien de prières choisies, gravées sur cuivre par M. J. C. Kaukol). (*Bonn*, 1729), in-8, maroq. r. fil. tr. dor. (*Anc. rel.*)

Recueil gravé avec beaucoup de soin et de goût, orné d'un grand nombre de vignettes, d'encadrements et d'initiales variées.

34. Officio della B. V. Maria, per tutti i tempi dell' anno, con le dichiarazioni e spiegazioni dell' abbate A. Mazzinelli. *Roma, Salvioni*, 1756, in-8, maroq. rouge, dent. tr. dor.

Riche reliure, aux armes du cardinal d'Angeli.

35. Octavarium Romanum novum die creationis D. N. Papæ Alexandri VII editum. *Venetiis, F. Baba*, 1655, in-4, imprimé en rouge et noir, frontisp. gr. maroq. rouge à comp. à petits fers, tr. dor.

Belle reliure italienne, aux armes d'un cardinal.

36. Proprium Sanctorum Romanorum Pontificum et aliorum pro sacrosancta ecclesia Lateranensi approbatum. *Romæ, Tinassius*, 1690, in-8, pap. fort, maroq. rouge à comp. en or, tr. dor.

Belle reliure de l'époque, dorée en plein, à petits fers.

37. Officia ex sacra Scriptura deprompta, pro singulis diebus mensis. Beatus qui excogitat vias sapientiæ. *S. l.*, 1781, 4 tom. en 2 vol. pet. in-8, mar. vert, fil. doubl. de tabis, tr. dor. (*Derome.*)

38. Officia de sanctissimo Eucharistiæ sacramento. Quibus in fine accessere quædam alia officia propria Civitatis et Diœcesis Mantuanæ. *Mantuæ, A. Razzoni,* 1722, pet. in-8, maroq. r. à comp. en or, tr. dor. *(Aux armes du cardinal Castracane.)*

39. Betbuechlin mit dem Calender und Passional Doct. Mart. Luther. *Wittemberg, Hans Lufft,* 1561, pet. in-8, goth. peau de tr. ferm.

   Le volume est orné de 48 figures en bois.

40. Psalmen und Geistliche Lieder D. Mart. Luth. *Lubeck,* 1607, in-16, mar. noir, tr. dor. cisel.

   Le volume contient, de plus, un très-beau manuscrit sur PEAU DE VÉLIN (20 feuillets), écrit en noir et or. Ce manuscrit est orné de 7 BEAUX DESSINS *composés de caractères d'écriture. C'est un chef-d'œuvre de calligraphie.* Ces dessins paraissent plus anciens que le volume.

41. Octave des Morts, preschée par D. F. Le Tellier de Bellefons. *Lyon, L. Plaignard,* 1695, pet. in-8, maroq. rouge à comp. tr. dor. *(Rel. de l'époque, genre Du Seuil.)*

42. Traité de la messe de paroisse, où l'on découvre les grands mystères sous le voile des cérémonies de la messe publique et solennelle (par l'abbé Floriot). *Paris, Josset,* 1679, in-8, portrait de Floriot grav. par Desrochers ajouté, mar. rouge, dent. tr. dor.

43. Regula beatissimi Patris nostri Augustini episcopi. Pet. in-4, mar. noir, plats ornés, tr. dor. ferm. *(Anc. rel.)*

   Manuscrit sur VÉLIN du XVIe siècle, avec une miniature.

44. Les Constitutions du monastère de Port-Royal du S. Sacrement. *A Mons, G. Migeot,* 1665, pet. in-12, veau fauve, fil. tr. dor.

   Volume imprimé par les Elzeviers. Bel exemplaire, d'une hauteur de 133 millimètres.

45. Catechismus ex decreto concilii Tridentini ad parochos Pii V iussu editus. *Venetiis, apud Aldum,* 1582, pet. in-8, parch.

   Édition ornée de jolies gravures en bois.

46. Les Fleurs des Vies des saints en abrégé pour tous les jours de l'année. *Lyon, Viret,* 1790, 2 vol. in-12, maroq. r. fil. tr. rouge.

47. Lettres de saint Jérôme. *Paris, Curmer,* 1843, in-16, bordures en rouge à chaque page, demi-rel. mar. vert.

48. Sancti Marci Heremitæ de lege spirituali capitulo. Eiusdem de iis, qui putant se iustificari ex operibus, capitula, versa per Vincentium Obsopœum (græce et lat.). *Hagenoæ, Johan. Secer.,* 1531. — Sancti Maximi centuriæ quatuor de charitate (græce et lat.). *Hagenoæ,* 1531. — Historia passionis et resurrectionis D. Saluatoris N. Jesu Christi (græce et lat.). *Lipsiæ, Papa,* 1557, 1 vol. pet. in-8, maroq. citr. fil. tr. dor.

Aux premières armes de J.-A. de Thou.

49. Explication de S. Augustin et des autres Pères latins sur le Nouveau Testament. *Paris, Pralard et Roulland,* 1675, 2 vol. pet. in-8, maroq. r. fil. tr. dor. (*Anc. rel. genre Du Seuil.*)

50. L. Cœlii Lactantis Firmiani Opera (per D. Erasmum recognita). *Antverpiæ, apud Jo. Gymnicum,* 1539, pet. in-8, veau br. à riches comp. en or, tr. dor. ciselée.

Riche reliure de l'époque. Le dos a été refait.

51. L. Cœlii Lactantii Opera quæ extant, cum selectis variorum commentariis, opera et studio Servatii Gallæi. *Lugduni Batavorum, F. Hackius,* 1660, in-8, maroq. rouge, fil. tr. dor. (*Anc. rel.*)

52. Vita Christi edita a sancto Bonaventura (cum aliis tractatulis eiusdem). *Parisiis, Guido Mercator,* 1494, pet. in-8, goth. rel. en bois, rec. de veau br. gauf. ferm.

Curieuse reliure de l'époque. Le dos a été refait.

53. Clementina, hoc est Clementis romani, divorum Petri et Pauli principum apostolorum discipuli... Quæ extant omnia. *Coloniæ Agrippinæ, J. Birck-*

mannus, 1570, in-fol., veau noir à riches compartiments en or., argent et couleurs, tr. dor. (*Aux chiffres.*)

Belle reliure (restaurée) de l'époque. Dans le catalogue Gancia (n° 1135) on a indiqué la reliure comme ayant été exécutée pour Henri II (*sic*).

54. Sancti Thomæ Aquinatis theologicæ summæ Compendium, authore P. Petro Alagona. *Romæ, Facciottus*, 1619, in-12, maroq. rouge à comp. tr. dor.

Ancienne reliure, aux armes d'un pape de la famille Borghèse.

55. Interrogatorium sive confessionale per venerabilem fratrem Bartholomeum de Chaimis de Mediolano compositum. *Mediolani, Christophorus Valdarfer, s. a. (circa* 1472), in-fol. goth. à long. lignes, 137 ff. à 32 lignes par pag., v. br.

Édition sans chiffr., récl. ni signat., non citée par Brunet ni par Hain.

56. Tractato vulgare di frate Antonio Arcivescovo di Firenze intitulato Defecerunt. *Firenze, per P. Pacini da Pescia, per Lorenzo Morgiani e Giovanni di Maganza,* 1496, in-4, vél, bl.

Belle gravure sur bois au titre.

57. De Imitatione Christi, par Jean Gerson. Édition polyglotte en latin, en français, en grec, en anglais, en allemand, en espagnol et en portugais; publ. par J.-B. Monfalcon. *Lyon,* 1841, très-grand in-8, demi-rel.

Édition remarquable, précédée d'une curieuse bibliographie. M. Monfalcon a publié cette polyglotte, si difficile à rédiger, avec une exactitude scrupuleuse.

58. De Imitatione Christi. Johannis Gerson de Imitatione Christi et, contemptu omnium vanitatum mundi. De Meditatione cordis. *Parisiis, pro Joanne Parvo,* 1503, in-16, goth. vél. (*Titre doublé.*)

Jolie et rare édition. On remarque sur le titre la marque de Jehan Petit, et, à la dernière page, celle de Gaspard Philippe.

59. De Imitatione Christi et contemptu mundi atque omnium ejus vanitatum libri IV. Codex de advocatis

sæculi XIII. *Londini, G. Pickering*, 1851, in-16,
non rel.

Charmante édition. Exemplaire en papier vélin Whatman.

60. De Imitatione Christi libri quatuor. *Parisiis*,
1868, in-8, mar. brun, tr. dor.

Cette édition est ornée de nombreuses figures en bois, et chaque page
est entourée d'une bordure gravée à l'imitation des encadrements employés
dans les livres d'Heures publiés par Simon Vostre, Pigouchet, Verard,
Kerver et autres. Les sujets religieux s'y mélangent avec des grotesques
et des arabesques les plus jolies et les plus variées.

61. L'Imitation de Jésus-Christ, traduite et para-
phrasée en vers françois, par P. Corneille. *Bruxelles, François Foppens*, 1657, in-12, fig. portr. de
Corneille, ajouté, cart.

62. Tractatus de institutione seu directione simpli-
cium confessorum editum a venerabli patre, fratre
Antonio, ordinis fratrum predicatorum. *Romæ,
G. Lauer de Herbipoli*, 1472, in-4, 130 ff. à 26
et 27 ll. p. page. car. ronds, cart.

63. Disz Buechleyn ist zu Erst durch eynen andech-
tigen hochgelerten vatter Carteuser ordens jn
latein gemacht... uñ ist genant der Hertzmaner,
von jnnprunstiger hertzlicher vermanung wegen
darjnn begriffen. *Nurnberg, Caspar Hochfeder*,
s. a. (vers 1490), pet. in-8, cuir de Russie, gauf.

Volume très-rare, décrit par Panzer (*Annalen*, I, p. 25) et Hain, n° 8534.
Très-bel exemplaire.

64. LIMAGE DE VERTU demonstrant la perfection
et saincte vie de la bienheureuse Vierge Marie mere
de Dieu, par les escriptures, tant de l'ancien que du
nouveau Testament. Autheur F.-P. Doré. *Imprime
a Paris par maistre P. Vidoue. Imprime a Paris,
pour Jehan de Brouilly, s. d. (Privilége daté de*
1540), pet. in-8, veau à rich. comp. tr. dor. cisel.

Belle reliure, genre Grolier, *aux armes et à la Salamandre de* FRAN-
çois Ier.

65. Le Bouclier de foy en forme de dialogue, dédié
au roy Henry tres-chrestien, deuxiesme de ce nom,

par frère Nicole Grenier. *Paris, Vivant Gaultherot,*
1547, in-16, v. ant. plats ornés. (*Première rel.*)

Très-bel exemplaire.

66. Antidotarius anime, per Amplexorum fidelissime
recognitus. *Parisiis, apud viduam Th. Keruer,*
1552 (à la fin 1551, in-16, goth., mar. r. tr. dor.
(*Trautz-Bauzonnet.*)

Joli volume imprimé en rouge et noir, et orné de quelques petites gravures sur bois.

67. Devotes Méditations chrestiennes, sur la Mort
et la Passion de N.-S. Jesuschrist, par M. Dorron,
et depuis mis en vers françois, avec plusieurs
prières et oraisons, par Bapt. Badere, advocat au
Parlement de Paris. *Paris, G. Giffart,* 1588, pet.
in-8, maroq. noir fil. tr. dor.

Petit volume fort rare.

68. Les Spirituelles Délices de l'âme pénitente en
l'amour divin, par P.-N.-D. Montreu, sieur de
Mont-Sacré. *Paris, A. Fouet,* 1608, pet. in-12, fr.
gr. veau f. à compart. en or, tr. dor. (*Reliure de
l'époque.*)

Jolies gravures en taille-douce par L. Gauthier.

69. Theologia moralis, inter rigorem et laxitatem,
media, authore E. Amort. *Augustæ Vindelicorum
et OEniponti,* 1758, 2 vol. in-4, mar. rouge dent.
tr. dor.

Exemplaire de dédicace, aux armes du pape Innocent XIII.

70. Effusion de cœur ou entretien spirituel et affec-
tif d'une âme avec Dieu, par un religieux Béné-
dictin de la Congrégation de Saint-Maur (dom
Morel). *Paris, Vincent,* 1739, 5 vol. in-12, mar.
citr. large dent. tr. dor.

71. Introduction au saint Ministère, ou la Manière de
s'acquitter dignement de toutes les fonctions de
l'état ecclésiastique, par l'abbé de Mangin. *Paris,
Bullot,* 1750, 3 vol. in-12, mar. r., large dent.,
tr. dor. (*Anc. rel.*)

72. Les Grandeurs de Jésus-Christ dans ses souf-
frances, ou explication abrégée du Mystère de la
Passion. *Lyon,* 1769, 2 vol. in-12, mar. r. tr. dor.
(*Anc. rel. jans.*)

73. De la Dévotion à la sainte Vierge et du culte
qui lui est dû, par Baillet. *Paris, Cellier,* 1693;
in-12, mar. rouge. fil. tr. dor. (*Anc. rel.*)

Exemplaire de dédicace, aux armes de M. de Lamoignon.

74. Réflexions chrétiennes du R. P. Claude La Co-
lombière, de la Comp. de Jésus. *Lyon, Anisson et
Posnel,* 1697; in-12, mar. rouge, dent. tr. dor.

75. Homélie ou paraphrase du Pseaume L : « Miserere
mei Deus », composée par Edme Calabre. *Paris,
Hérissant,* 1748; in-12, portr., maroq. r.. tr. dor.
(*Anc. rel.*)

76. Sermon sur Job, chap. xxxiv, v. 30. Presché le
30 janvier 1733, en présence d'une société de
jurisconsultes ; avec le supplément, par un laïque.
Traduit de l'anglais. *La Haye, Scheurleer,* 1734;
in-12, veau fauve, dent. tr. dor. (*Lesné.*)

77. La Vérité de la Religion catholique, apostolique
et romaine, et la fausseté de la religion préten-
due Réformée des Calvinistes, par dom A. Belin.
Nevers, A. Chaillot, 1663, in-8, mar. r. à comp.
tr. dor. (*Rel. anc.*)

Avec un beau portrait de l'archevêque J.-N. Colbert.

78. Apologie de Nicole, écrite par lui-même, sur le
refus qu'il fit, en 1679, de s'unir avec M. Arnauld,
et sur la lettre qu'il écrivit à M. de Harlay, archev.
de Paris. *Amsterdam,* 1734; in-12, mar. r. tr. dor.
(*Anc. rel.*)

79. Discours ecclesiastiques contre le Paganisme
« des roys de la fève et du roy boit », pratiqué
par les chrétiens charnels en la veille et au jour de
l'Épiphanie, par Jean Deslyons. *Paris, Desprez,*
1664; in-12, demi-rel.

Petit volume curieux et assez rare.

80. Assertio septem Sacramentorum aduersus Mart.
Lutherum ædita ab invictissimo Angliæ et Frāciæ
rege et domino Hyberniæ Henrico ejus nominis
octauo. *Romæ, opera Stephani Guillereti*, 1521.
— Jo. Clerk., pro Henrico VIII, Angliæ rege,
oratio. — In-4, veau fauve à compart. tr. dor.
(*Abra.*)

81. Le Mentitie Ochiniane del Mutio Justinopolitano.
In Vinegia, appresso Gabriel Giolito de' Ferrari,
1551; pet. in-8, mar. br. à riches comp. tr. dor.
cisel.

Belle et riche reliure italienne du xvie siècle.

II. PHILOSOPHIE. — DROIT. — POLITIQUE.

82. Platonis opera, latine. *Lugduni, Jo. Tornæsius*,
1550; 6 vol. in-16, mar. vert., dent., tr. dor.

Très-bel exemplaire dont les cinq premiers volumes ont été reliés par
Bradel, et le sixième par Thouvenin. Cette édition est d'une exécution
typographique remarquable.

83. Aristotelis Ethicorum Nicomacheorum libri X,
gr. et lat., ed. G. Wilkinson. *Oxonii, e Theatro
Shelloniano*, 1716, in-8, mar. r. fil. tr. dor. —
Aristotelis de poetica liber, gr. et lat., ed. Th. Tyr-
with. *Oxonii*, 1806, in-8, v. rac. — V. Madii et
B. Lombardi in Aristotelis librum de poetica
communes annotationes. *Venetiis, Valgrisi*, 1550,
in-fol. demi-rel. (*Magnifique exemplaire sur papier fort.*) — Rhetorices libri tres, græce, cum
notis et variis lect. *Oxoniæ*, 1759; gr. in-8, pap.
de Holl., v. fil.

84. Aristotelis ad Nicomachum filium de moribus,
quæ Ethica nominantur, libri, Jo. Perionio inter-

prete. *Parisiis, apud Jo. de Bordeaux*, 1579; in-4, v. fauve, plats ornés.

> Belle reliure, portant sur les plats l'inscription : *In te Domine confido. Anthoine Authier.* Le volume est rempli de notes manuscrites d'Authier.

85. Circulus Pisanus Cl. Berigardi de veteri et peripatetica philosophia in tres libros Aristotelis de anima. *Utini, N. Schirath*, 1643, 2 part. en 1 vol. in-4, vél.

> Volume fort important pour l'histoire du baromètre. L'exemplaire Libri a été vendu 175 francs.

86. Tullius de Officiis, de Amicitia, de Senectute, necnon Parodoxa eiusdem, opus Benedicti Brugnoli studio emaculatum, etc. *Tusculani, apud Benacum, in ædibus Alexandri Paganini*, 1523; in-4, parch.

> Édition imprimée en caractères italiques d'une forme singulière. Le texte est entouré des commentaires de P. Marsi, Leonicenus, etc. La bordure du titre est peinte en or et couleurs.

87. Liber domini Francisci Petrarche panormitani oratoris celeberrimi de Vita solitaria. (*In fine:*) *Domini Francisci Petrarche panormitani, poete et oratoris, liber de Vita solitaria feliciter explicit. Absque nota.* Pet. in-4, goth., mar. rouge, comp., tr. dor.

> Magnifique exemplaire, avec témoins, de ce rare opuscule, attribué par l'abbé Gazzera aux presses lyonnaises de Pierre Maréchal et Barnabé Chaussard, et imprimé, selon lui, vers 1490.
> Cet opuscule, imprimé sous le nom de Pétrarque, est de *Lombardo dalla Setta*, écrivain mort en 1390.
> Belle et riche reliure de Duru, dorée à la fanfare par Marius Michel.

88. Les très-merveilleuses Victoires des femmes du nouveau monde, par G. Postel. *Sur l'imprimé à Paris, chez Jehan Ruelle*, 1553. — La Doctrine du siècle doré ou de l'Evangelike règne de Jésus roy des roys, par G. Postel. *Sur l'imprimé à Paris*, 1553. — 2 tomes en 1 vol. in-12, mar. r. fil. tr. dor. (*Rel. anc.*)

> Réimpression du siècle passé (vers 1750).

89. Giordano Bruno Nolano. De la causa, principio et uno. *Stampato in Venetia*, 1584. — Giordano

Bruno Nolano. De l'infinito universo et mondi. *Stampato in Venetia*, 1584. — 2 tomes en 1 vol. pet. in-8, fig., cart.

Deux ouvrages très-rares, imprimés à Londres sous l'indication de Venise. Beaux exemplaires, malgré une piqûre dans la marge du fond.

90. Della Institutione d'una fanciulla, del S. Mutio Sforza, libri tre. *Vinegia, presso Altobello Saliceto,* 1589 ; pet. in–8, maroq. br., riches compart., tr. dor. gauf.

Belle et fraîche reliure du xvie siècle, aux armes de la famille Borghèse ou Boncompagni. (Un dragon ailé s'y trouve dix-huit fois répété.)

91. Les Provinciales, ou Lettres escrittes par Louis de Montalte (Pascal) à un Provincial de ses amis, trad. en latin par G. Wendrock, en espagnol par Gratien Cordero, et en italien par Cosimo Brunetti. *Cologne, Winfelt*, 1684, in-8, v.

92. Pensées de Pascal sur la religion et sur quelques autres sujets, qui ont esté trouvées après sa mort parmy ses papiers. Seconde (première) édition. *Paris, G. Desprez,* 1670 ; in-12, cart.

Hauteur : 143 millim.

93. La Clef du Sanctuaire, par un sçavant homme de notre siècle (Spinosa). *Leyde, P. Warnær (Elzeviers)*, 1678 ; pet. in-12, vél.

128 millim.

94. Maximes et Réflexions morales du duc de La Rochefoucauld, traduites en grec moderne par W. Brunet, corrigées par G. Théocharopoulos de Patras. Avec une traduction anglaise en regard. *Paris, Didot*, 1828 ; in-8, br.

95. Nouveaux Dialogues des morts, par Fontenelle. *Paris, Blagcart,* 1683. — Jugement de Pluton sur les nouveaux dialogues des morts. *Paris, Blageart,* 1684. — 3 vol. in-12, mar. bleu, plats ornés, tr. dor.

96. Questions diverses sur l'incrédulité. *Paris, Chaubert-Hérissant,* in-12, mar. vert, fil. tr. dor. (*Aux armes.*)

97. De la Délicatesse, par l'abbé de Villars. *Paris,
Claude Barbin*, 1671, in-12, cart., dos de toile.

Édition originale. Exemplaire non rogné.

98. Testamento spirituale, nel quale il testatore fa-
cendo diversi legati, etc.... di frate Cipriano Ve-
rardi di Brescia. *Brescia, V. Sabbio*, 1587, in-12,
veau f. à riches comp. en or, tr. dor. gaufr.
(*Belle reliure italienne de l'époque.*)

99. Arrest de la Cour de parlement contre Jean
Chastel, escholier estudiant au college des Jesuites,
pour le parricide par luy attenté sur la personne
du Roy. *A Paris, chez James Mettayer et Pierre
L'Huillier, et à La Haye, chez Albert Henry*, 1595,
pet. in-4, 4 ff. dont le dernier blanc, br.

Exemplaire non rogné.

100. Recueil des défenses de Fouquet. *S. l. Hollande,
Elzeviers, à la Sphère*, 1665-67, 15 tom., 6 vol.
pet. in-12, vél.

Exemplaire complet d'un recueil intéressant et rare. Haut. : 130 millim.

101. Additiones Th. Delbene ad suos tomos de im-
munitate et jurisdictione ecclesiastica. *S. l. et a.*,
pet. in-8, maroq. vert. à riches compart. en or,
tr. dor. (*Anc. rel. aux armes d'un cardinal.*)

102. Les Priviléges, franchises et libertez des Bour-
geois et habitans de la ville et fauxbourgs de Mon-
targis le Franc. *Imprimez et collationez par per-
mission du Roy*, 1662, pet. in-8, v. marbr. fil.

Volume très-rare, contenant les trois portraits de Charles VII, Louis XII
et Louis XIV. L'exemplaire contient, entre les pp. 212 et 213, onze pages
additionnelles, et, à la fin, des additions manuscrites.

103. Il Libro del Cortegiano, del conte Baldesar Castiglione. *Venetia, heredi d'Aldo*, 1533, pet. in-8,
mar. br. gaufr. tr. dor. (*Première rel.*)

104. Il Cortegiano del conte Baltassar Castiglione.
Venetia, Gjolito de' Ferrarii, 1541, pet. in-8, v.
fauve, fil. tr. dor. (*V* Niedrée.*)

105. Le Parfait Courtisan, du comte Baltazar Castil-
lonois. *Lyon, J. Huguetan*, 1585, pet. in-8, vél.
à compart. tr. dor. (*Première reliure.*)

Traduction de G. Chappuis, Tourangeau, avec le texte italien en regard.

106. Leçons politiques de maistre Jean Le Hunetier
de Ferrières, lecteur public et royal en la philosophie et éloquence en l'Académie de Douay.
Translatées du latin en françois par Lamoral de
Landas, pannetier du pays de Haynau. Pet. in-4,
vél. noir, tr. dor.

Manuscrit original, de la seconde partie du xvi° siècle, adressé à
Mgr Guillaume, comte Palatin, duc des Deux-Bavières. Il est d'une belle
écriture bâtarde.

III. AGRICULTURE. — HORTICULTURE.
ART CULINAIRE.

107. Rei agrariæ auctores legesque variæ, quædam
nunc primum, cætera emendatiora prodeunt cura
W. Gœsii. Una cum Nic. Rigaltii notis. *Amstelodami, apud Jo. Janssonium*, 1674, 3 vol. en un
pet. in-4, front. grav. et fig. vél.

108. Statuta nobilis artis agriculturæ urbis, edita a
Gregorio Serlupio, Lentulo de Lentulis, Cæsare
Muto et Evangelista Fabio. *Romæ, in ædibus po-
puli Romani, apud G. Ferrarium*, 1595, in-4,
mar. ol. à comp., fermoirs en fer. (*Curieuse reliure de l'époque.*)

109. Petri Laurembergii horticultura libris II com-
prehensa, figuris novis instructa. *Francofurti,
M. Merian (vers* 1630), in-4. fig. en taille-douce,
vél.

Curieux et rare volume.

110. Recueil de brochures sur l'irrigation, par Bail-
lard, Fournié, Cornoy, etc. 4 broch. in-4 et 4 in-8,
figures.

111. L'Illustration horticole, journal spécial des
serres et des jardins, rédigé par Ch. Lemaire et
publié par Verschaffelt. *Gand*, 1855-64, 9 vol.
gr. in-8, grand nombre de planches color., demi-
rel., maroq. bleu, non rogn., tête dor. (*Hardy-
Mennil.*)

Vol. II à VIII, X et XI. Magnifique publication dont les planches ont
été coloriées avec le plus grand soin.

112. Leçons de Flore. Cours complet de botanique,
par J.-L.-M. Poiret, suivi d'une Iconographie vé-
gétale en 56 pl. color., par P.-J.-F. Turpin. *Paris*,
1819-20, 2 vol. in-8, fig. demi-rel.

113. Botanique. Organographie et Taxonomie. Histoire naturelle des familles végétales et des principales espèces suivant la classification de M. Adrien
de Jussieu, par Emm. Le Maout. *Paris, Curmer*,
1852, gr. in–8, fig., demi-rel. maroq. non rogn.
tête dor.

114. Nouveau Traité des Œillets, leurs noms, leurs
couleurs et leur beauté, par L.-C.-B. M. *Paris,
de Sercy*, 1669; in-12, parch. — Histoire des
Tulipes, par Ch. Malo. *Paris, Janet, s. d.;* in-12,
fig. color., br.

115. De naturali vinorum historia, de vinis Italiæ,
et de conviviis antiquorum libri septem Andr.
Baccii. Accessit de factitiis, ac cerevisiis; deq.
Rheni, Galliæ, Hispaniæ et totius Europæ vinis
et de omni vinorum usu. *Romæ, ex officina Ni-
cholai Mutii*, 1596, in-fol., mar. r., fil., tr. dor.
(*Padeloup.*)

Ouvrage des plus curieux. Exemplaire magnifique, provenant du duc de
La Vallière.

116. Platyne de Honesta Voluptate et Valitudine
ad amplissimum ac doctissimum D. B. Rouerel-
lam S. Clementis Presbiterum Cardinalem. *Impressus in civitate Austrie impensis et expensis
Gerardi de Flandria*, 1480, pet. in-4, goth., sans
chiffr., récl. ni sign., maroq. r., fil., tr. dor.

Premier livre imprimé à Frioul. Le volume contient 89 ff. de texte, 4 ff.

de table et 1 feuillet blanc. L'exemplaire collationné par M. Brunet était donc incomplet.

117. Libreto di lo excellentissimo physico maistro Michele Savonarola : di tutte le cose che se manzano comunamente.... et como se apparechiano e de sei cose che non naturale : e le regale por conservare la sanità de li corpi humani, etc. *Venetia, B. de Benalio,* 1515, in-4, goth. vél. non rog.

Bel exemplaire d'un volume très-rare. Il a quelques notes mss. sur les marges.

118. Libro novo nel qual s'insegna à far d'ogni sorte di uiuanda secondo la diversità de i tempi, cosi di carno come di pesce, et il modo d'ordinar banchetti, apparecchiar tavole, fornir palazzi, et ornar camere per ogni gran Prencipe. Opera assai bella, e molto bisogneuole à Maestri di casa, à Scalchi, à Credenzieri et à Cuochi, composta per M. Chr. Messebugo. *Venetia, ad instantia di Giov. dalla Chiesa Pauese,* 1556, pet. in-8, mar. rouge, fil., tr. dor. (*Hardy-Mennil.*)

Joli exemplaire d'une édition rare.

119. M. Rumpolt. Ein new Kochbuch, ou Nouveaux Préceptes comme on doit apprêter la viande, le gibier, la volaille, les poissons frais et fumés, les rôtis, les pâtés et toutes sortes de légumes... à l'allemande, à la hongroise, à l'espagnole, à l'italienne et à la françoise. *Franckfurt, Sig. Feyrabendt,* 1587, in-fol., vél.

Ce volume est orné de nombreuses et belles gravures sur bois par Josse Amman. L'auteur, qui avait été cuisinier chez de grands seigneurs en Italie, aux Pays-Bas, en Russie, Pologne, Hongrie, Bohême, Autriche, etc., était aussi celui d'Anne de Danemarc, à laquelle il a dédié son livre. Il se dit né en Valachie, de noble race, et il place son art au-dessus de tous les autres. C'est certainement le livre de cuisine le plus curieux qui ait été composé au xvie siècle.

L'auteur enseigne aussi comment il faut arranger les banquets et les fêtes des princes, gentilshommes, etc.

120. Bartolomeo Scappi dell'arte del cuoco, del trinciante e maestro di casa. *Venetia, Combi,* 1643, in-4, demi-rel.

On trouve, à la fin du volume, 24 planches en taille-douce donnant de intérieurs, des ustensiles de cuisine, etc. La dernière planche (24), représentant la manière de servir les cardinaux au Conclave, manque à la plupart des exemplaires.

IV. MÉDECINE. — ALCHIMIE. — HISTOIRE NATURELLE, ETC.

121. In hoc volumine continentur Aur. Corn. Celsi medicinæ libri VIII. — Quinti Sereni liber de medicina et ipse castigatiss. — Acced. index in Celsum. *Venetiis, in ædibus Aldi,* 1528, gr. in-8, mar. rouge dent., tr. dor. (*Bozérian.*)

Bel exemplaire, presque non rogné.

122. Cleberrimi atque acu- || tissimi iureconsulti Do. || Jo Frācisci de sancto || nazario doctoris Pa- || piensis : iura inter- || pretantis in florēti || achademia Aue- || nionensi ad ci- || ues Auenio- || nenses de || peste libri || tres. *Impssum in ciuitate Auenioni || per solertem impressorem Johānem de || channey, anno domini* 1522, *die* 12 *septembris.* Pet. in-4, goth., demi-rel. vél.

Bel exemplaire d'un volume fort rare, composé de 28 ff. limin., de 162 ff. chiffr., d'un feuillet pour les errata et d'un feuillet blanc. On remarque au verso du feuillet 162 la marque de *Jehan de Channey*, qui est la même que *celle des Aldes.*

123. Succincta utilissima preservatio epidemie, seu febris pestilente : Vna cum eiusdem cura (ab M. Michaele Fineo Delphinate edita). *Venundantur in Regali palatio, a deimbulatorio quo itur ad cancellariam,* 1552, 4 ff. goth. — Remede tresutile contre fieure pestilencieuse et autre maniere de epidemie. *On les vent en rue Desporees a lymaige sainct Sebastian. (La gravure à la fin représ. saint Roch.)* 8 ff. goth. — Recepte pour faire une singuliere pouldre, pour guerir de la peste. Ensemble, plusieurs aultres singulieres receptes pour donner remede a la Colique, Pierre, Gravelle et douleurs des Rains, composez par le medecin de monsieur le Duc de Ferrare. *On les vend au Palais, par Jehan du Pin.* 4 ff. goth. — Souuerain remede contre l'epydimie, bosse ou maulvais aer. Composé de plusieurs grans docteurs et grans clers dedans Auignon, ou temps que la grãt pestilence y estoit. *S. l. n. d.* 4 ff. — Remede tresutile contre la peste et contre toutes fiebures pestilentieuses. *Imprime a Paris, par maistre Guichard soquand, deuant lhostel Dieu,* s. d., 4 ff. goth. 5 pièces dans un vol. pet. in-8, avec quelques grav. sur bois, mar. vert, tr. dor. (*Trautz-Bauzonnet.*)

Pièces rarissimes. *Michel Finé, l'auteur de la première pièce, pourrait bien être un parent d'Oronce Finé.*

124. Lentretenement de la Vie, summairement composé par maistre Jehan Gœurot, docteur en medecine et medecin du treschrestien Roy Frãcoys premier de ce nom, contenant les remedes de medecine et cyrurgie, contre toutes les maladies suruenants quotidiannement es corps humaines. Item un regime singulier contre la peste. *Imprime a Lyon, par Claude Veycellier,* s. d., pet. in-8, goth., 75 ff. et 5 ff. de table, mar. vert, tr. dor. (*Kœhler.*)

125. L'École de Salerne, ou l'Art de conserver la santé, en vers latins et français. *Avignon et Montpellier, Seguin,* 1836, in-16, v. f. fil. tr. dor.

126. La première et la seconde partie des Erreurs populaires touchant la médecine et le régime de santé, par Laurent Joubert. *Paris, Cl. Micard,* 1587, 2 part. en 1 vol. pet. in-8, vél.

127. And. Baccii de thermis libri septem. De lacubus, fontibus, fluminibus : balneis totius orbis et de methodo medendi per balneas. *Venetiis, apud Vincentium Valgrisium,* 1571, in-fol. mar. vert, fil. tr. dor. (*Padeloup.*)

Très-bel exemplaire réglé, provenant de la bibliothèque Radziwill.

128. Philothei medici præstantissimi commentaria in aphorismos Hippocratis, L. Conrado Mantuano

interpr. *Spiræ, apud B. Albinum*, 1581. — Bald.
Ronsei Gandensis, de magnis Hippocratis Lienibus,
Pliniiique de scorbuto. *Wittebergæ*, 1585.—Galeno
adscriptus liber de urinis. Græce et lat. *Wittebergæ*,
1586. — 3 vol. en un pet. in-8, mar. citr., fil., tr.
dor.

Belle reliure, *aux premières armes de J.-A. de Thou.*

129. Traité des Eunuques, dans lequel on explique
toutes les différentes sortes des Eunuques, quel
rang ils ont tenu et quel cas on en fait (par An-
cillon). *S. l.*, 1707, in-12, v. marbr.

130. Marat. Mémoire sur l'électricité médicale. *Paris, Mequignon*, 1784. — Recherches physiques
sur le feu. *Paris, Jombert*, 1780, 7 pl. — Découvertes sur le feu, l'électricité et la lumière. *Paris,
Clouvier*, 1779. — Notices élémentaires d'optique.
Paris, Didot, 1784; 2 planches. — 1 vol. in-8,
bas.

Recueil intéressant et très-rare.

131. J.-J. Mangetii Bibliotheca chemica curiosa, seu
rerum ad alchimiam pertinentium thesaurus in-
structissimus. *Coloniæ Allobrogum*, 1702, 2 gros
vol. in-fol., nombr. planch., veau. br. fil.

Ouvrare rare, vendu 44 fr. Baron.

132. Bibliothèque des Philosophes alchimistes ou
hermétiques, tome IV, seconde partie. *Paris,
Cailleau*, 1754, in-12, v. br.

Ce volume rare renferme une curieuse description des sculptures de
Notre-Dame de Paris.

133. Mes Idées sur la nature et les causes de l'air dé-
phlogistiqué, d'après les effets qu'il produit sur les
animaux, en prolongeant leur force et leur vie,
par Fabre Dubosquet, gentilhomme de la Grande
Fauconnerie de France. *Londres*, 1785, pet. in-8,
mar. r., fil., tr. dor. (*Rel. anc.*)

134. Résumé des leçons d'analyse données à l'École
polytechnique par M. Navier, suivi de notes par

J. Liouville. *Paris,* 1840, 2 vol. in-8, fig. demi-reliure.

135. C. Plinii Secundi naturalis Historia. *Venetiis, in ædibus hæredum Aldi et Andreæ Asulani soceri,* 1535-36, 3 vol. — Index. *Venetiis,* 1538, 1 vol. — 4 vol. pet. in-8, veau.

On trouve rarement les quatre volumes réunis.

136. Æliani variæ Historiæ libri XIIII, græce cum latina interpretatione. *Coloniæ Allobrogum (Genève), apud Joa. Tornæsium,* 1590, in-16, mar. olive à riches comp., tr. dor.

Reliure de l'époque, à petits fers, aux armes d'un abbé mitré, avec cette devise : *Quæ est expectacio mea nonne Deus.*

137. Melchyoris Galandini Papyrus, hoc est in tria C. Plinii majoris de Papyro capita. Recens. H. Salmuth. *Ambergæ, typis Schönfeldianis,* 1613, pet. in-8, mar. rouge, fil., (*Au chiffre de Peiresq.*)

Provenant de la bibliothèque Lamoignon.

V. MATHÉMATIQUES. — MUSIQUE.

138. Euclidis Geometricorum libri XV. Campani Galli in eosdem comment. Theo Alexandr. B. Zamberto interprete. Hypsiclis comment. (Ed. Jac. Faber Stapul.) *Parisiis, ex off. Henr. Stephani,* 1516, in-fol., fig. en bois, rel. en bois, ferm.

Exemplaire de Paul de Praun.

139. Les six premiers livres des Elemens d'Euclide, traduicts et commentez par Pierre Forcadel de Beziers, lecteur ordinaire du Roy ès mathematiques en l'université de Paris. *Paris, Hierosme de Marnef,* 1564. — Le septiesme, huitiesme et neufiesme livres des Elemens d'Euclide, comprenaus toute la science des nombres, traduicts et commentez par Pierre Forcadel. *Paris, Charles Périer,* 1565 , 2 vol. en un pet. in-4, fig. v.

La seconde partie est importante et rare.

140. La Sphère du monde proprement ditte cosmographie, composee nouuellement en françois et diuisee en cinq liures, comprenans la première partie de l'astronomie et les principes uniuersels de la geographie et hydrographie. Avec une epistre (en vers) touchant la dignité, perfection et utilité des sciences mathematiques, par Oronce Finé. *Paris, M. de Vascosan,* 1551, pet. in-4, fig. en bois, demi-rel. mar.

141. Les Institutions de l'arithmetique de Jaques Chauvet, Champenois, professeur ès mathematiques en l'université de Paris, diuisees en quatre parties, avec un petit traicté des fractions astronomiques. *Paris, Hierosme de Marnef,* 1578, petit in-8, parch.

Bel exemplaire, rempli de témoins, d'un volume très-rare.

142. Sectiones conicæ in novem libros distributæ, autore P. de La Hire. *Parisiis, Michalet,* 1685, in-fol. fig. mar. rouge, fil. tr. dor. (*Aux armes du prés. Le Tellier.*)

143. De Locis solidis secunda divinatio geometrica in quinque libros iniuria temporum amissos Aristæi Senioris geometræ, autore Vinc. Viviani. *Florentiæ,* 1701, in-fol., fig. de géométrie, parch.

144. Tariffa de' pesi e mesure, per missir Bertholomio di Paxi da Vinesia. *Stampado in Venesia per Albertin de Lisona,* 1503; in-4, vél.

Volume rare et très-curieux pour l'histoire du commerce.

145. Almanach chinois, imprimé en Chine dans le courant de ce siècle. In-8, br.

Curieuse impression, ornée de nombreuses gravures sur bois.

146. Physiologia Kircheriana experimentalis, qua nat. rerum scientia per experimenta physica, mathematica, medica, chymica, musica, magnetica,

comprobatur. Quam ex oper. A. Kircheri extraxit
S. Kestlerus. *Amstelodami,* 1680, in-fol., fig.,
demi-rel.

147. Mémoire sur la musique des anciens, où l'on
expose le principe des proportions authentiques,
dites de Pythagore et de divers systèmes de musique chez les Grecs, les Chinois et les Égyptiens,
par l'abbé Roussier. *Paris, Lacombe,* 1760, in-4,
musique, demi-rel.

148. Euclidis rudimenta Musices. Ejusdem sectio re-
gulæ harmonicæ, nunc primum græce et latine ex-
cusa, Joanne Pena interprete. *Parisiis, apud A. We-
chelium,* 1577. — Aristoxeni musici harmonicorum
elementorum libri III. — Cl. Ptolemæi harmonicorum, seu de musica libri III. — Aristotelis de
objectu auditus. Omnia nunc primum latine cons-
cripta ab A. Gogauino. *Venetiis, apud V. Valgrisium,* 1562, 2 vol. en un, in-4, mar. citr. (*Aux
armes de J.-A. de Thou.*)

Exemplaires magnifiques.

149. Antiphonaire de saint Grégoire, fac-simile du
manuscrit de Saint-Gall. Copie authentique de l'autographe écrite vers l'an 790. Accompagné d'une
notice historique, d'une dissertation donnant la
clef du chant grégorien dans les antiques nota-
tions, de divers monuments, tableaux neuma-
tiques inédits, etc., par le R. P. Lambillote, de la
Comp. de Jésus. *Bruxelles,* 1867, grand in-4,
150 planch., cart. en toile, non rog.

Publié à 60 fr.

150. Liber sacerdotalis, nuperrime ex libris sancte
romane ecclesie et quarundam aliarum ecclesia-
rum et ex antiquis codicibus apostolice biblio-
thece.... collectus. *Venetiis, per Melch. Sessam et
Petrum de Rouanis,* 1524, in-4, goth. imprimé en
rouge et noir, musique notée, bas.

Première édition, bien imprimée et ornée de jolies gravures sur bois.
Les ff. 333 à 344 contiennent un *Compendium Musices,* avec figures.

151. Etude élémentaire de l'harmonie, ou Nouvelle Méthode pour apprendre en très-peu de temps à connaître tous les accords et leurs principales résolutions, par L. Aimon. *Paris, s. d.,* in-12, en étui.

28 cartes, avec une explication imprimée et gravée. Rare.

152. Ils Psalm de David, suainter la melodia francêsa, schantaeda eir in tudaisch, à 4 vuschs, traes Johannem Jacobum et Bartholomeum Gonzenbach, vertieus et schantôs in vears Romaunschs da cantar traes L. Wietzel. *Stampo in Straeda, traes J. N. Janet,* 1733, pet. in-4, musique notée, rel. en bois, ferm.

Exemplaire bien conservé. On sait qu'en général les livres en dialecte des Grisons sont en très-mauvais état.

VI. BEAUX-ARTS. VIE DES PEINTRES. GALERIES.

153. Dictionnaire des arts du dessin, la peinture, la sculpture, la gravure et l'architecture, par M. Boutard. *Paris,* 1826, gr. in-8, d.-rel. mar. bleu.

Exemplaire en grand papier vélin.

154. Idée de la perfection de la peinture, démontrée par les principes de l'art et par des exemples conformes aux observations que Pline et Quintilien ont faites sur les plus célèbres tableaux des anciens peintres, mis en parallèle à quelques ouvrages de Léonard de Vinci, Raphaël, Jules Romain et Poussin, par Roland Freart Sr de Chambray. *Au Mans, Ysambart,* 1662, pet. in-4, d.-rel.

155. Essai sur la physionomie, destiné à faire connaître les hommes et à les faire aimer, par J.-G.

Lavater. (Traduit en français par Mme de la Fite et MM. Caillard et Henri Renfner.) *La Haye*, 1784-1803, 4 vol. très-grand in-4, papier de Hollande, fig. en taille-douce, vélin.

Bel exemplaire, non rogné.

156. Théorie du Paysage, par J.-B. Deperthes. *Paris*, 1818, in-8, bas. (*Envoi autogr. de l'auteur.*)

157. Histoire de l'art du paysage depuis la renaissance des beaux-arts jusqu'au xviiie siècle, par J.-B. Deperthes. *Paris, Le Normant*, 1822, in-8, br.

158. Le Paysage du Poussin, par M. de Murville. *Paris*, 1790, in-8, fig. demi-rel. (*Ex. interfolié.*)

159. Le Vite de' più eccellenti archittetti, pittori et scultori italiani, da Cimabue insino a' tempi nostri : descritte in lingua toscana da Giorgio Vasari. *Firenze, Torrentino*, 1550, 3 tom. en 2 vol. in-8, maroq. vert, plats ornés, tr. dor. (*Hardy-Mesnil.*)

Première et rare édition, qui contient beaucoup de passages supprimés dans les éditions postérieures. Bel exemplaire.

160. Vies des peintres, sculpteurs et architectes, par Giorgio Vasari, traduites par Léopold Leclanché, et commentées par Jeanron et L. Leclanché. *Paris*, 1841-42, 10 tomes en 5 vol. in-8, portr. demi-rel. v. f.

161. Entretiens sur les vies et sur les ouvrages des plus excellens peintres anciens et modernes. Recueil historique de la vie et des ouvrages des plus célèbres architectes, par Félibien. *Paris, Mabre-Cramoisy*, 1685-88, 3 vol. in-4, v. marbr.

162. Tables historiques et chronologiques des plus fameux peintres anciens et modernes, par Ant.-Fr. Harms. *A Bronsvic*, 1742, in-fol. cart.

Avec des additions manuscrites à la fin.

163. Abregé de la vie des plus fameux peintres, avec leurs portraits gravés en taille-douce, les indications de leurs principaux ouvrages, quelques ré-

flexions sur leurs caractères et la manière de con-
noître les dessins des grands maîtres, par M***
(D'Argenville). *Paris, De Bure,* 1745-52, 3 vol.
in-4, v. marbr.

164. Vie des peintres flamands et hollandais, par
Decamps. *Marseille,* 1840-43, 5 vol. in-8, portr.
demi-rel. veau viol.

165. Vies des architectes anciens et modernes qui
se sont rendus célèbres chez les différentes nations, traduites de l'italien et enrichies de notes
historiques et critiques par M. Pigneron. *Paris,*
Jombert, 1771, 2 vol. in-12, v. marbr.

166. Histoire de la vie et des ouvrages de Raphaël,
par Quatremère de Quincy. *Paris,* 1833, in-8,
demi-rel.

167. Les Andelys et Nicolas Poussin, par E. Gandar.
Paris, Renouard, 1860, in-8, br.
> Exempl. en grand papier, avec envoi autogr. de l'auteur.

168. Discours sur N. Poussin, par Raoul-Rochette.
Paris, Didot, 1843, in-8, grand papier, fac-sim.
demi-rel.

169. Epître à Nicolas Poussin, par un jeune peintre.
Paris, Dentu, 1819, in-8, portr. demi-rel. mar. bl.

170. Cabinet des singularitez d'architecture, peinture, sculpture et gravure, ou Introduction à la
connoissance des plus beaux arts, figurés sous les
tableaux, les statues et les estampes, par Florent
le Comte. *Bruxelles, Marchant,* 1702, 3 vol. in-12,
fig. v.

171. Histoire de la sculpture française, par T.-B.
Eméric-David, publ. pour la première fois par
Paul Lacroix. *Paris, Charpentier,* 1853, in-18,
demi-rel.

172. Noms des curieux de Paris, avec leur demeure
et la qualité de leur curiosité, 1673. *Paris, Aca-*
démie des Bibliophiles, 1866, in-18, pap. vergé,
br. (*Tiré à 140 exemplaires.*)

173. Catalogve systématique et raisonné des curio-
sités de la nature et de l'art qui composent le cabinet de M. Davila. *Paris, Briasson,* 1767, 3 vol.
in-8, fig. vél.

174. Catalogue raisonné des dessins originaux du
cabinet du prince Ch. de Ligne, par A. Bartsch.
Vienne, 1794, in-8, demi-rel. non rog.

175. Catalogue de la précieuse collection d'objets
d'art, d'antiquités et de tableaux de L. Fould.
Paris, 1860, in-8, demi–rel. v. f.

176. Notices sur les graveurs qui nous ont laissé des
estampes marquées de monogrammes, chiffres,
rébus, lettres initiales, etc., avec une description
de leurs plus beaux ouvrages (par Malpé). *Besan-
çon,* 1808, 2 vol. in-8, monogr. cart.

Exempl. avec des corrections et additions de la main de J.-A. Boerner.

177. Essai sur l'origine de la Gravure en bois et en
taille-douce, et sur la connaissance des estampes
des xve et xvie siècles, où il est parlé de l'origine
des cartes à jouer, suivi de recherches sur l'ori-
gine du papier, etc. par Janssen. *Paris,* 1808, 2 vol.
in-8, fig. br.

178. Des Gravures en bois dans les livres d'Anthoine
Verard, par J. Renouvier. *Paris, Aubry (impr. de
Louis Perrin, à Lyon),* 1859, in-8, fig. demi-rel.
maroq. br.

179. Jehan de Paris, varlet de chambre et peintre
ordinaire des rois Charles VIII et Louis XII, par
J. Renouvier. *Paris, Aubry,* 1861, in-8, br.

180. Des Gravures sur bois dans les livres de Simon
Vostre, par J. Renouvier, avec un avant-propos
par G. Duplessis. *Paris, Aubry,* 1862, in-8, fig.

181. Des Portraits d'auteurs dans les livres du
xve siècle, par J. Renouvier, avec un avant-propos
par G. Duplessis. *Paris, Aubry,* 1863, in-8, br.

182. Recueil d'estampes gravées d'après les tableaux
du cabinet de Mgr le duc de Choiseul, par les soins

du Sr Basan. *Paris*, 1771, gr. in-4, veau éc. fil. tr. dor. (*Anc. rel.*)

Premières épreuves.

183. Collection de cent vingt estampes, gravées d'après les tableaux et dessins qui composaient le cabinet de M. Poullain. Cette suite a été exécutée sous la direction du Sr F. Basan ; le Sr Moitte, peintre, en a fait les dessins. *Se vend à Paris, chez Basan et Poignant*, 1781, gr. in-4, veau éc. fil. tr. dor. (*Anc. rel.*)

Premières épreuves.

184. Galerie électorale de Dusseldorf, ou Catalogue raisonné et figuré de ses tableaux, par N. de Pigage. *Basle, Chr. de Mechel*, 1 vol. de texte et 1 vol. de planches, in-fol. obl. cart. non rog.

Belles épreuves anciennes.

185. Copies photographiques des plus rares gravures criblées, estampes et gravures en bois, etc., du xve et xvie siècle, qui se trouvent dans la collection royale d'estampes de Munich. Publiées par Robert Brulliot, conservateur de la collection d'estampes. *Munich*, 1854-56, gr. in-fol. en livraisons.

Recueil bien exécuté et publié au prix de 105 florins (225 francs). On y trouve, entre autres, l'alphabet grotesque complet, gravé en taille-douce en 1466.

186. Charles Le Brun. La Grande Galerie de Versailles et les deux salons qui l'accompagnent, dessin, par J.-B. Massé. *Paris*, 1752, gr. in-fol. veau, tr. dor.

L'exemplaire est très-beau d'épreuves ; quelques feuillets ont, comme dans tous les exemplaires, une teinte jaunâtre.

187. Recueil de plus de 300 gravures, en général de l'école italienne du xviie siècle. Dans un carton.

Les estampes sont en général assez mal conservées.

188. Série de planches (56) gravées d'après les peintures et les sculptures des plus fameux maîtres de l'ancienne école florentine, pour servir d'éclaircissement à l'histoire de la restauration des beaux-

arts en Italie, par William Young Ottley. *Londres*, 1826, gr. in-fol. demi-rel. dos de toile.

189. Description générale de la France (publiée par de Laborde, Guettard, etc.). *Paris, Lamy*, 1781 et suiv. vol. I à X, 10 vol. gr. in-folio, fig. veau, tr. dor. (*Anc. rel.*)

Belles épreuves.

190. Voyage pittoresque de l'Autriche, par le comte Alexandre de Laborde. *Paris, de l'imprimerie de P. Didot l'aîné*, 1821-22, 3 vol. gr. in-fol. pap. vél. 160 planches, demi-rel. mar. vert.

VII. FIGURES DE LA BIBLE. — DANSES DES MORTS.

191. Figure del Vecchio Testamento, con versi toscani per Damian Maraffi. — Figure del Nuovo Testamento, illustrate da versi vulgari italiani. *In Lione, per Giovanni de Tournes*, 1554, 2 vol. en 1 pet. in-8, grav. en bois, mar. brun, tr. dor. (*Trautz-Bauzonnet.*)

Les célèbres figures du Petit Bernard, dont on trouve rarement les deux parties réunies. Bel exemplaire.

192. L'Histoire du Vieux et du Nouveau Testament, avec des explications édifiantes, par le sieur de Royaumont. *Suivant la copie imprimée à Paris, chez P. Le Petit,* 1680, pet. in-8, fig. à mi-page, maroq. viol. doublé de maroq. rouge, tr. dor. (*Girardet.*)

193. Figures historiques du Vieux et du Nouveau-Testament, accompagnées de quadrains en latin et françois, qui exposent l'histoire exposée en chaque figure. *Genève, Samuel de Tournes*, 1681, in-8.

Plus de 35o grav. en bois, mar. bleu, tr. dor. (*Niedrée.*)

Bel exemplaire, qui a été déjà payé 73 fr. en 1843 (Brunet, IV, 996). On lit dans la Préface : « Les figures que nous te donnons icy sortent de la main d'un excellent ouvrier, connu en son temps sous le nom de Salomon Bernard, ou le petit Bernard. »

194. Figures de l'Ancien et du Nouveau Testament (avec texte en vers hollandais). *S. l. n. d. (Amsterdam, vers* 1700), in-4, vél.

337 jolies planches d'après G. de Lairesse.

195. L'Histoire du Vieux et du Nouveau Testament, représentée en gravures par Rom. de Hooge. *Amsterdam, Lindenberg, s. d. (vers* 1700), 2 tomes en 1 vol. in-fol. fig. veau.

Chaque planche contient deux sujets.

196. Historie des Ouden en Nieuwen Testaments. (Histoire de la Bible représentée en figures grav. en taille-douce.) *Amsterdam,* 1722, 2 vol. en un pet. in-fol. demi-rel. non rog.

197. C. Bruins dichtmaatige Gedachten over 15o Bybelsche Printverbeeldingen. (Cent cinquante eaux-fortes représentant des figures de la Bible.) *Amsterdam,* 1727, pet. in-8, vél. cordé.

Bel exemplaire en papier fort.

198. Sanctorum Kalendarii Juxta Concilium Tridentinum restituti imagines in ære incisæ. *Antverpiæ, in officina Chr. Plantini,* 158o. — Evangeliorum dominicalium summaria, cum iconibus in ære excusis. *Antverpiæ, Chr. Plantinus,* 158o, 2 tomes en 1 vol. in-32, mar. rouge, fil. dos à la Dusseuil, tr. dor. (*Hardy-Mennil.*)

Joli volume, d'une grande rareté, qui est orné de plusieurs centaines de belles gravures qui portent le monogramme de P. van der Borcht.

199. La Sainte Messe, où sont représentés par les actions du prêtre les mistères de la passion de N.-S. Jésus-Christ. *Paris, Gabrielle Landry, s. d.,* pet. in-8. veau br. à comp. fil.

Texte entièrement gravé ; 35 planches.

200. Le Psaultier de David, torné en prose mesuree ou vers libres, par Blaise de Vigenere. *Paris, Abel l'Angelier*, 1588, pet. in-8, demi-rel. v. f.

Avec 12 grandes planches par Th. de Leu. Exemplaire taché et piqué dans la marge, à la fin.

201. Das Buch der Schatzbehalter, oder Schrein der waren Reichthümer des Heils. *Durch Anthonien Koberger yn Nurnberg* 1491 *am* 8ten *Tag des Monats Nouembris auszgedrucket*, in-fol. goth. avec 94 figures en bois de la grandeur des pages, vélin.

Très-bel exemplaire, malgré un raccommodage dans la marge des 4 premiers feuillets et du dernier. Il est presque non rogné, et les 94 figures gravées d'après les dessins de Michel Wohlgemuth, le maître de Durer, n'ont pas été coloriées dans cet exemplaire.

202. La Passion d'Albrecht Durer en 37 planches y compris celle représ. Jésus couronné d'épines et assis, qui forme le titre de l'édition gravé en bois. Pet. in-4, veau, fil. (*Anc. rel.*)

Belles copies GRAVÉES SUR CUIVRE vers le milieu du xvie siècle; elles sont de la plus grande rareté. Exemplaire magnifique à toutes marges.

203. Passion de Jésus-Christ. Der Text des Passions oder Lydens Christi. *Getruckt von Johannes Knoblouch zu Strazburg*, 1509, in-fol. goth. vél. (*Bel exemplaire.*)

Volume de 36 feuillets, orné de 26 belles figures en bois de la grandeur des pages. Ces gravures portent le monogramme d'Urse Graf.

204. Jehan Fere, abbé de la Noe, au diocèse Deureux. Passion dauitique. *Imprime a Paris par Maistre Pierre Vidoue, pour honneste personne Jehan Petit*, 1523, pet. in-4 goth. à longues lignes, 122 ff. sign. A.-V, maroq. rouge, tr. dor. (*Duru.*)

Ce précieux volume n'est cité ni dans le *Manuel* de M. Brunet, ni dans le *Manuel du Bibliographe normand* de M. Frère.
Il contient, outre la marque de l'imprimeur, 23 curieuses gravures sur bois.

205. Passio Domini nostri Jesu Christi. Vos inven. J. Sadeler fecit. *Coloniæ Agrippinæ*, 1582, 18 planches, in-fol. vél.

206. Den gheestelücken Dormter, begrypende xlvi Cellekens der Passion Christi, vergadert door Fr. V. Hensberch. *Antwerpen, H. Aertsens,* 1826, pet. in-8, goth. vél.

Avec 17 gravures finement exécutées en taille-douce, et représentant la passion de Notre-Seigneur.

207. Figures de la Passion de N.-S. Jésus-Christ, présentées à Madame de Maintenon par son très-humble serviteur Séb. Le Clerc. *Paris, Audran,* *s. d.,* 36 pl. in-8 obl. cart.

208. Essai historique, philosophique et pittoresque sur les Danses des morts, par E.-H. Langlois, accompagné de cinquante-quatre planches et de nombreuses vignettes, par E.-H. Langlois, Mlle E. Langlois, etc. *Rouen, Le Brument,* 1852, 2 vol. en un, gr. in-8, fig. en bois, pap. vél. demi-rel. mar. vert, non rog. tête dor. (*Capé.*)

209. La Grande Danse Macabre des hommes. Chorea ab eximio Macabro versibus alemannicis edita. Fac-simile de l'édition latine de 1490, exécuté par Adam Piiinski. *Paris,* 1868, gr. in-4, goth. fig. en bois, mar. La Vall. fil. à compart. tr. dor. (*Hardy-Mennil.*)

Imprimé sur PEAU DE VÉLIN, tiré à quatre exemplaires, dans une *splendide reliure aux armes.*

210. Les Simulachres et historiees faces de la mort, autant elagammēt pourtraictes, que artificiellement imaginées. *A Lyon, Melchior et Gaspard Trechsel,* 1538, pet. in-4, fig. en bois d'après Holbein, maroq. rouge, fil. tr. dor. (*Anc. rel.*)

Première édition. Très-rare en ancienne reliure.

211. Icones || Mortis || duodecim Imaginibus præter || priores || totidemque inscriptionibus præter epi- || grammata è Gallicis à Georgio Æmi- || lio in latinum versa, cumulatæ. *Basileæ,* 1554, petit in-8, maroq. brun, tr. dor. (*Trautz-Bauzonnet.*)

Danse des morts par Holbein. Cette édition, la dernière qui ait été tirée sur les bois originaux, contient 50 gravures; elle est la plus rare de toutes.

212. Holbein's Todtentanz. La Danse des morts, par Holbein, en 54 gravures, copiées par J. Schlotthauer. *München*, 1832, pet. in-8, br.

213. Idea di un prencipe et eroe cristiano in Francesco I d'Este di Modena. etc... Nelle solenni esequie dell' Alt. Ser. di Alfonso IV suo primogenito, l'anno 1659 in Modena celebrate, descritto da D. Gamberti. *Modena, Soliani,* 1659, in-fol. vél.

Avec un grand nombre de planches et gravures emblématiques par Fontana et autres. L'exemplaire contient à la fin l'arbre généalogique, qui manque presque toujours. Les pages 545 et suivantes contiennent une *curieuse Danse des morts.*

214. Danse des morts à la moderne. Freund Hein's Erscheinungen in Holbeins Manier, von J. V. Schellenberg. *Wintherthur*, 1785, in-8, cart. non rog.

Vingt-cinq belles eaux-fortes. Brunet, vol. V, col. 196.

VIII. EMBLÈMES, DEVISES, ETC.

215. La Philosophie des images, composée d'un ample recueil de devises, et du jugement de tous les ouvrages qui ont été faits sur cette matière, par Menestrier. *Paris, de la Caille,* 1682–83, 2 vol. pet. in-8, demi-rel. mar. vert.

Grand nombre de figures sur bois.

216. C. F. Menestrii philosophica imaginum, id est sylloge symbolorum amplissima. *Amstelodami et Gedani,* 1695, pet. in-8, jolies grav. à mi-page, v. br.

217. Symbolographia, sive de arte symbolica, sermones septem, auctore J. Boschio. Quibus acc. sylloge celebriorum symbolorum in quatuor divisa classes, sacrorum, heroicorum, ethicorum et satyri-

corum. *Augustæ Vind. et Dilingæ, Bencard,* 1702,
in-fol. fig. veau.

Immense recueil d'emblèmes finement gravés en taille-douce par J.-G.
Wolfgang, d'après J.-F. Schalck.
Bel exemplaire payé 100 fr à la vente Vander Helle (n° 1801).

218. Recueil d'emblèmes, devises, médailles et figures hiéroglyphiques, au nombre de plus de
douze cents, avec leurs explications, par Verrien.
Paris, Jombert, 1724, in-8, portr. et fig. veau.

Cet ouvrage est, en outre, accompagné de plus de 2000 chiffres fleuron-
nés et de figures héraldiques, tenants, supports, cimiers.

219. Iconologie, tirée de divers auteurs; ouvrage
utile aux gens de lettres, aux poëtes, aux artistes
et généralement à tous les amateurs des beaux-
arts, par J.-B. Boudard. *A Parme, chez l'auteur,*
1759, 3 vol. pet. in-fol. bas.

Plus de 600 eaux-fortes.

220. Æsopi Fabulæ cum vulgari interpretatione et
figuris acri cura emendatæ. *Brixiæ, apud Loduï-
cum Britannicum,* 1537, in-4, fig. sur bois, veau
f. fil. tr. dor. (*Petit.*)

Cette édition contient des figures en bois singulières, mais assez mal
gravées; le texte est en partie en patois vénitien.
L'édition de 1534 a été vendu 305 fr. Libri.

221. Æsopi Phrygis Fabulæ, elegantissimis iconibus
illustratæ (latine et germanice). *Francofurti, apud
G. Corvinum, S. Feyrabend et W. Gallum,* 1566,
pet. in-8, vél.

Volume recherché à cause des jolies gravures sur bois de Virgile Solis.
Exemplaire incomplet d'un feuillet.

222. Franc. Jos. Desbillons, Soc. Jesu, Fabulæ æso-
picæ, curis posterioribus omnes fere emendatæ.
Manhemii, typis academicis, 1768, 2 vol. pet.
in-8, fig. par E. Verhelst, br.

Exemplaire non rogné en papier de Hollande.

223. Q. Horatii Flacci emblemata, imaginibus in
æs incisis notisque illustrata studio Othonis Vænii.
Antverpiæ, P. Lisaert, 1612, in-4, nombreuses
gravures en taille-douce, vél.

224. Métamorphoses d'Ovide en rondeaux (par Benserade). *Paris, Impr. royale,* 1676, in-4, vél.

Exemplaire en grand papier. Jolies gravures par Chauveau et autres.

225. Metamorphoseon sive transformationum Ovidianarum libri quindecim. *Wilhelmus Janssonius excudit Amsterodami, s. d.,* in-4, obl. vél.

Suite remarquable de 150 figures, sur cuivre, d'Antonio Tempesta. Chaque planche est accompagnée d'une explication manuscrite en français. Exemplaire Viollet-le-Duc.

226. Rationarium Euangelistarum omnia in se euangelia, prosa, versu imaginibusque quam mirifice complectens. (*Phorcæ*), *Thomas Badensis, cognomine Anshelmi,* 1507, in-4, 18 ff. vél.

Copie de l'*Ars moriendi* ; elle est ornée de 15 singulières et belles gravures en bois de la grandeur des pages.

227. Stultifera Navis. Narragonice perfectionis nunquam satis laudata navis : per Sebastianum Brant. *In laudatiss. Germanie urbe Basiliensi Jo. Bergman de Olpe,* 1497, pet. in-8 goth. fig. en bois, mar. rouge, fil. tr. dor. (*Hardy-Mennil.*)

Au mois de mars 1497 paraissaient deux éditions de la traduction latine de cet ouvrage si célèbre à cause des singulières et belles gravures qu'il contient, l'une du format in-4, l'autre du format petit in-8. Cette dernière est la plus rare, et les nombreuses figures y sont beaucoup plus artistiques que que dans celle en grand format.

228. Omnia D. And. Alciati Emblemata. *Lugduni, apud G. Rovillium,* 1574, in-16, fig. en bois, bas. tranche bleue et or. (*Première rel.*)

229. Hadriani Junii Emblemata ; eiusdem ænigmatum libellus. *Antverpiæ, Chr. Plantinus,* 1566, pet. in-8, fig. sur bois, vél.

Exemplaire grand de marges et beau d'épreuves.

230. A. Bocchii symbolicarum quæstionum de universo genere quas serio ludebat libri quinque. *Bononiæ,* 1555, in-4, vél. tr. dor. gaufr.

Première édition. Quelques taches.

231. Achillis Bocchii symbolicarum quæstionum de universo genere, quas serio ludebat, libri quinque. *Bononiæ, apud societatem typographiæ Bono-*

niensis, 1574, pet. in-4, fig. en taille-douce par Giulio Bonasone, maroq. La Vall. riches compart. à petits fers, tr. dor.

Splendide reliure de Capé.

232. Cento Favole morali de i più illustri antichi e moderni autori greci e latini, scelte e trattate in varie maniere di versi volgari da M. Gio. Mario Verdizotti. *Venetia, G. Zeletti,* 1577, in-4, mar. vert, dent. tr. dor. (*Capé.*)

Volume recherché à cause des nombreuses et belles figures en bois dont il est orné et qui ont été gravées par Verdizotti lui-même.

233. La Prima Parte dell' imprese di Scipion Bargagli, riveduta nuovamente e ristampata ; appresso Orazione delle lodi dell' Academie. *Venetia, F. de Franceschi,* 1589, in-8, fig. en taille-douce, vél.

234. Theatrum vitæ humanæ a J. J. Boissardo Vesuntino conscriptum et a Theodoro Bryio artificiosissimis historiis illustratum. *Excusum typis Abrahami Fabri, civitatis Mediomatricorum typographi,* 1596, in-4, v. à compart. tr. dor. (*Anc. rel. aux armes de Saxe.*)

Volume recherché à cause des charmantes figures dont il est orné. La reliure, datée de 1597, a été restaurée et la tranche du volume a été redorée.

235. Veridicus Christianus, auctore P. Joanne David. *Antverpiæ, ex officina Plantiniana,* 1601, in-8, vélin.

Frontispice et 100 belles planches chiffr. en taille-douce, plus 2 planches non chiffr. Piqûre dans les marges à la fin du volume.

236. Emblemata physico-ethica picta a Nicolao Taurello Montbelgardensi. *Noribergæ, Lochner,* 1602, pet. in-8, fig. sur bois. maroq. brun, tr. dor. (*Thompson.*)

237. Symbola varia diversorum principum, cum facili isagoge D. Anselmi de Boodt Brugensis. *S. l.,* 1603, 2 part. en 1 vol. in-fol. vél. (*Un nom coupé sur le titre.*)

Très-beau livre, enrichi d'un nombre considérable d'emblèmes finement gravés en taille-douce.

238. J. Camerarii symbolorum et emblematum centuriæ tres : i. Ex herbis et stirpibus. ii. Ex animalibus quadrupedibus. iii. Ex volatilibus et insectis. Acced. centuria iv. Ex aquatilibus et reptilibus. (*Norimbergæ*), *ex typis Vœgelianis*, 1605, 4 part. en 1 vol. in-4, maroq. rouge dent. tr. dor. (*Bozérian.*)

400 emblèmes finement gravés, plus 4 frontispices richement ornementés.

239. Duodecim Specula Deum aliquando videre consideranti concinnata, auctore P. J. David, soc. Jesu. *Antverpiæ, ex off. Plantiniana apud Joa. Moretum,* 1610, in-8, v. f. dent. à froid, fil. tr. dor. (*Purgold-Hering.*)

Très-jolies gravures en taille-douce.

240. Nebulo nebulonum, hoc est jocoseria modernæ nequitiæ censura, carmine iambico dimetro adornata a Joa. Flitnero. *Francfurti, J. de Zetter,* 1620, pet. in-8, curieuses gravures, vél.

241. Pia Desideria emblematis et elegiis affectibus SS. Patrum illustrata, authore Hermanno Hugone. *Antverpiæ, typis H. Aertssenii,* 1624, petit in-8, vél.

Avec 45 gravures en taille-donce par Boèce de Bolswert.

242. Alle de Wercken, so oude as nieuwe, etc. (OEuvres complètes de J. Cats). *Amsterdam,* 1700, 2 vol. in-fol. vél. cordé.

Très-bel exemplaire d'une édition complète du meilleur poëte hollandais. Elle est surtout recherchée à cause des belles planches qu'elle contient. Plusieurs des poésies de l'auteur sont en français.

243. Emblemata politica, authore Iusto Reifenbergio. *Amstelodami, apud I. Ianssonium,* 1632, pet. in-12, jolies fig. en taille-douce, parch.

Le même volume contient : *Erpenius, de Peregrinatione gallica.*

244. Adolescens academicus, sub institutione Salomonis, authore C. Musart, Belga, soc. Jesu. *Duaci, B. Bellerus,* 1633, pet. in-8, vél.

Nombreuses gravures en taille-douce par M. Baes.

245. De Symbolis heroicis libri IX, autore Silvestro Petrasancta. *Antverpiæ, ex officina Plantiniana,* 1634, in-4, fig. de C. Galle, bas. gaufr. (*Aux armes.*)

246. Regia Via crucis, autore D. B. Hæfteno. *Antverpiæ, ex officina Plantiniana B. Moreti,* 1635, pet. in-8, maroq. rouge à comp. tr. dor. (*Reliure ancienne.*)

Grand nombre de jolies gravures en taille-douce.

247. Theatrum temporaneum æternitati Cæsaris Montii, S. R. E. cardinalis et archiep. Mediolanen, sacrum, Octavio Boldonio autore. *Mediolani,* 1636, pet. in-fol. maroq. marb. fil. tr. dor.

Très-jolies gravures emblématiques par J.-P. Bianchi, et ornées d'encadrements variés.

248. Emblemata pro toga et sago. *Norimbergæ, P. Fürstius, s. a.* (*vers* 1640), in-4, vél. blanc.

Jolies gravures en taille-douce, gravées dans le genre de Crispin de Pas par P. Van Isselburgh.

249. Emblemata Flor. Schoonovii, partim moralia, partim etiam civilia. *Amstelodami,* 1648, in-4, vélin.

Avec un frontispice gravé, un joli portrait de l'auteur et 74 gravures en taille-douce.

250. Apologia creaturarum. Sedighe onderwiisen der Creaturen in Rhijm ghestelt. *Antwerpen, J. Mesens,* 1649, in-8, obl. vél.

Avec 55 curieuses eaux-fortes.

251. Linguæ vitia et remedia emblematice expressa per D. Antonium a Burgundia. *Antverpiæ, vidua Cnobbaert,* 1657; in-16, obl. veau.

Grand nombre de figures en taille-douce ; celle de la page 54 représente le théâtre de Tabarin.

252. Emblèmes de l'Amour divin (60 jolies gravures en taille-douce avec texte en quatrains français, gravé). *Paris, Landry, s. d.* (vers 1650); pet. in-8, mar. br., tr. dor.

253. Idea principis christiano-politici symbolis CI expressa, a D.-S. Faxardo. *Parisiis, apud F. Leonardum*, 1660; petit in-12, fig. en taille–douce, bas.

254. Emblemata ethico-politica, carmine explicata per J. Kreihing. *Antverpiæ, J. Meursius*, 1661, in-12, 160 grav. en taille-douce, bas.

255. J.-F. Bonomii Chiron Achillis, sive Navarchus humanæ vitæ, morali emblemate geminato ad felicitatis portum perducens. *Bononiæ*, 1661, in-12, vél. (*Frontisp. et* 51 *planc. en taille-douce.*)

256. Devises panégyriques pour Anne d'Autriche, reine de France, par le sieur de Chaumelz. *Bourdeaux, J. Mongiron-Millanges*, 1667, in-4, demi-rel. v. f.

> Volume très-rare, qui contient 41 emblèmes assez grossièrement gravés. Il paraît, du reste, que le graveur était très-jeune encore ; car on lit, au bas de la dernière planche : « J.-C. Doumar del. scul. an. æt. XII. »

257. Jac. Bornitii emblemata ethico-politica, ingenua atque erudita interpretatione nunc primum illustrata per M. Nic. Meerfeldt. *Monguntiæ, L. Bourgeat*, 1667, in-4, avec 100 grav. en taille-douce, bas.

258. Voor-Winckel. L'Avant-boutique de la patience dans les contrariétés de la vie, par le P. Fr. Lijftocht, augustin de Diest (en hollandais). *Emmerick, Van den Eynden*, 1679, pet. in-8, demi-rel.

> Recueil d'emblèmes, au nombre d'environ 50, gravés en taille-douce par G. Bouttats.

259. Philothei Symbola christiana quibus idea hominis christiani exprimitur. *Lugduni Batavorum, J. a Gelder*, 1682, 100 fig. emblématiques, bas.

260. Les Pensées, échantillons, instructions montrées par un grand nombre d'emblèmes, sommaires et morales en latin, français, italien et allemand,

avec un album des belles instructions. *S. l. n. d.*,
in-4 obl., v. éc., dent.

> Cet ouvrage, gravé par *Jean-Christophe Weigel*, vers 1680, est divisé
> en deux parties.
> La première, intitulée : *Images de la Pensée*, contient 22 planches (le
> frontispice compris) renfermant 252 médaillons emblématiques, avec de-
> vises latines. Ces mêmes devises se trouvent répétées, en regard, en texte
> italien, allemand et français.
> La deuxieme partie, disposée de la même façon, a pour titre : *Album de
> l'Amitié*. Elle se compose de 25 pages contenant 12 planches pleines,
> renfermant 144 médaillons-emblèmes, avec des devises également en
> quatre langues.

261. Emblemata philosophico-moralia, sub præsidio
C. Mändl exhibita in universitate Dilingana a J.-H.
Graff. *Dilingæ*, 1692, pet. in-8, veau tr. dor.

> Frontisp. et 30 jolies gravures par Wolfgang.

262. Heilige Augen-und Gemüths-Lust. Les Délices
des yeux et de l'âme, figures historiques et emblématiques des épitres et évangiles. *Augsburg*, 1706,
in-fol., bas.

> 120 planches à deux sujets, finement gravées par Ulr. Krauss.

263. Le Miroir qui ne flatte point (De Spiegel die
niet vleid), trad. du sieur de La Serre, en vers
hollandais, par W. Spiring. *Amsterdam*, 1709,
in-8, vél.

> Frontisp. et 4 belles planches sur cuivre par C. Huyberts.

264. Zederyke Zinnebeelden. Emblèmes des mœurs
mis en figures pour l'utilité de la vie humaine, par
E. Verryke. *Amsterdam, Trojel*, 1712, in-8, 100
emblèmes d'après Houbraken, vél.

265. Vonken der Lief. Étincelles de l'amour de Jésus-
Christ. *Amsterdam, K. van der Lys*, 1717, pet.
in-8, mar. r. dent., tr. dor. (*Anc. rel. hollandaise.*)

> Avec 50 gravures emblématiques par J. Luiken.

266. Les Tableaux des emblèmes peints d'après les
vertus, vices, mœurs des hommes, pénitence de
Dieu, et bénédictions; écrits d'abord par C. Ripa,
Pierius Valerianus, Orus Apollo et autres, et pu-
bliés maintenant (avec un texte en hollandais) par
P. Zaunsliefer. *Amsterdam*, 1722, in-4, vél.

> Orné d'un frontispice et de 70 planches par Houbraken et autres.

267. Les Emblèmes moraux sur les vertus et vices, représentés en LVII figures, par A. Houbraken, avec explication (en vers hollandais) par Mlle Gezine Brit. *Amsterdam, Barents*, 1723, in-8, vél.

268. Lukas Schermers poëzy. *Haarlem et Amsterdam*, 1725, in-8, jolies gravures dans le genre de Luyken, v. br.

269. Doorlugtige Voorbeldem der ouden... Les bons exemples des anciens reproduits en emblèmes, suivi du poëme de Brutus et de plusieurs autres poésies, par R. V. L. (Rœland van Leuve). *Amsterdam*, 1725, in-4, v. br.

    Grand nombre de jolies gravures par Folkema, van der Laan, Lamsvelt et autres.

270. Kleines Bilder-Cabinet. La Grammaire latine, expliquée en gravures, avec souscription en allemand, latin, français et italien, avec un texte en allemand. *Augsbourg*, 1735, in-8, v.

    100 planches en taille-douce, dont chacune contient 9 sujets. Ce volume rare provient des ventes Koch et van der Helle.

IX. ENTRÉES, FÊTES, COSTUMES.

271. Hauendo deliberato il Reverēdissimo in Christo Patre e || signore. S. Messer Goro Gherio dignissimo Epo di Fano || della Citta di Bologna Vicelegato, insieme con li Magnifici || e possenti S. S. Antiani Consoli e Confalonieri di Iustitia || del Populo e Commune di essa città de Bologna. *Bononiæ*, 1525, pet. in-4, 2 ff. non rog.

    Avis et règlement d'une joute et tournoi qui aura lieu à Bologne. Pièce vraisemblablement unique.

272. L'Entrata della seren. et illustris. signora Caterina d'Austria, sposa del ecc. duca di Mantoua, nella sua città, con l'ordine di Tornei, Giostre,

Banchetti, etc. *Mantoua, J. Roffinelli*, 1549, pet.
in-8, 20 ff. br.

Exemplaire non rogné.

273. Narratione overo compendio delle cose notabili
occorse nella coronatione del ser. Re di Romano.
Con la dicharatione della pace nuouamente fatta
tra la M. dell' Imperatore, ed il Gran Turco. Di
Francfort, di 3 dec. 1562. Periandro de gli Vgolini.
Bologna, S. Mammelo, 1562, in-4, 4 ff. br. non
rogn.

274. Descrizione dell' entrata della ser. reina Giovanna d'Austria et dell' apparato fatto in Firenze
nella venuta e per le felicissime nozze di S. Al-
tezza Francesco de' Medici, scritta da D. Mellini.
— Orazione o vero libro di M. Piero Vettori, delle
lodi della ser. Giovanna d'Austria. *Firenze, i
Giunti*, 1566, 2 tomes en 1 vol. pet. in-8, maroq.
rouge à comp. (*Anc. rel.; le dos est refait.*)

275. Les Honneurs et triomphes faicts au Roy de
Pologne, tant par les princes alemans en son
voyage que par ses subjects à sa reception, qui fut
à Miedzeris, le XXIIIIᵉ iour de ianvier dernier passé,
1574, briefuement recitez par vne lettre missive
q'vn gentilhomme françoys escrit de Posnanie.
A Paris, par Denis Dupré, 1574, pet. in-8, 64 pag.,
vél.

Exemplaire absolument neuf, *non rogné et en partie non coupé.* Il était,
avec d'autres pièces, *enfilé* dans une chancellerie, et un petit trou traverse
le volume. Ce petit volume est *de la plus grande rareté.*

276. Descrizione de la felicissima entrata del ser.
don Ferdinando de' Medici, cardinale, gran duca
di Toscana, nella città di Pisa. Con tutti gli archi
trionfali, portoni, apparati, etc. Con le feste, lumi,
fuochi artifiziati, ed altri segni d'allegrezze. Scritta
da M. Giov. Ceruoni da Colle. *In Firenze, appresso
G. Marescotti*, 1588, pet. in-8, 68 ff., cart.

277. Relacion del aparato que se hizo en la ciudad
de Valencia para el recibemento de la serenissima

reyna Doña Margarita de Austria desposada con
el cat. rey de España Don Phelippe Tercero desde
nombre. *En Valencia, en casa de Pedro Patricio
Mey,* 1599, pet. in-8, 16 ff. br.

278. Relacion de la Orden que se tuuo en el bautismo
de la señora Infanta hija primogenita del invictissimo rey Don Filippe III, en Valladolid a siete de
otubre mil seyscientos y vn años. *En Valladolid,
por los herederos de Bernardino de Santo Domingo,* 1602, pet. in-8, 8 ff., dont le dernier
blanc, br.

279. Couronnement de Mathieu Ier, comme empe-
pereur d'Allemagne. Electio et coronatio... Ma-
thiæ I... tabulis æneis adumbrata. *Francofurti,
J. Th. de Bry,* 1612. In-fol. obl., cart.

  14 planches par de Bry, avec texte en vers latins. Suite rarissime.

280. Breve Narratione di quanto passo appò la per-
sona dell' ill. S. Contestabile di Castiglia dal giorno
che parti, sino à che ritorno à Milano, con la ser.
regina Margarita. *In Milano, Malatesta, s. d.,*
6 ff., in-4, br. non rog.

281. Pompe funèbre du prince Albert, archiduc
d'Autriche, en 1623, etc., représentée au naturel
en tailles-douces, par J. Francquart, et grav. par
C. Galle, avec un texte d'Eryce Puteanus. *Bruxelles, Léonard,* 1729, in-fol., 63 planch., veau
marbr.

  Très-bel exemplaire.

282. Combat d'honneur concerté par les IIII elemens
sur l'heureuse entrée de Mme la duchesse de la
Valette en la ville de Metz. Ensemble la Resiouis-
sance publicque concertée par les habitans de la
ville et du pays sur le mesme subject (par le
P. Jean Motet, de Briançon). *S. l. n. d. (Metz, A. Fa-
bert),* 1624, pet. in-fol., fig. en taille-douce, demi-
rel. mar. r., tr. dor.

  Bel exemplaire d'un volume rare, orné de nombreuses et curieuses
planches.

283. Éloges et discours sur la triomphante rentrée, reception du roy en sa ville de Paris, après la reduction de La Rochelle; accompagnez des figures tant des arcs de triomphe que des autres preparatifs. *Paris, Rocolet,* 1629, in-fol., fig. de Firens, Tavernier et Bosse, mar. bleu, fig., tr. dor. (*Hardy-Mennil.*)

Très-bel exemplaire, aux armes du prince d'Essling. On y trouve la belle planche historique gravée par Abr. Bosse, et représentant les échevins de Paris haranguant le roi lors de son retour de La Rochelle.

284. Courses de testes et de bague, faites par le Roy et par les princes et seigneurs de sa cour en l'année MDCLXII. (Avec un texte par Perrault.) *A Paris, de l'Impr. royale,* 1670, gr. in-fol., fig. par Israël Silvestre, Chauveau et autres, mar. rouge, large dent, tr. dor. (*Aux armes de France.*) (*Padeloup.*)

285. Courses de testes et de bagues faites par le Roy et par les princes et seigneurs de sa cour en l'année 1662, décr. par C. Perrault. *Paris, Impr. royale,* 1670, gr. in-fol., fig. cart.

286. Relatione del viaggio dell' imperatrice Leonora, nell' accompagnare la seren. Leonora, sua figlia, alle nozze reali in Polonia. Fedelmente descritta da Alf. Zelfri. *Venetia, P. Pinelli,* 1670, in-4, 4 ff. br.

287. Funerale celebrate nel Duomo di Torino all' Alt. R. di Carlo Emanuele II, duca di Savoia, racc. da G. Vasco. *Torino, Zapatta,* 1675, in-fol. cart.

Avec 7 planches par Piene et Tasnière.

288. Erbhuldigung Carolo VI abgelegt. Inauguration de l'empereur Charles VI comme duc de Styrie. *Gratz,* 1728, gr. in-fol. bas.

Avec 14 grandes planches pliées, grav. par Stoercklin.

289. La Solennelle et dévote Procession qui se fait tous les ans le 8 septembre en la ville de Valenciennes. *Valenciennes, J.-B. Henry,* 1755, in-12, frontisp. gr., veau br.

290. Parentalia Mariæ Clementinæ Magn. Britan. Franc. et Hiberniæ regin. iussu Clementis XII,

P. M. *Romæ, Salvioni*, 1736, gr. in-fol., texte en latin et en italien, cart.

Avec un beau frontispice contenant le portrait de la reine, 14 vignettes dans le texte et 2 grandes planches par Gabbugini et R. Pozzi.

291. Relazione delle feste fatte in Livorno per la venuta del ser. Francesco III, duca di Lorena e di Bar, et della ser. Maria Teresa d'Asutria. *In Livorno,* 1739, in-4, 8 ff. dont le dernier blanc, br. non rogn.

292. Descriptions des principales réjouissances faites à La Haye à l'occasion du couronnement de François 1er (en français et en hollandais). *La Haye,* 1747, gr. in-fol., par J.-C. Philips, demi-rel.

293. Narrazione delle solenni reali feste fatte celebrate in Napoli, da S. M. il re Carlo, infante di Spagna, etc., per la nascita del suo primigenito Philippo, R. Principe delle Due Sicilie. *Napoli,* 1749, gr. in-fol., bas.

Avec 15 grandes et belles planches par Vasi, N. Jardin, L. de Lorraine et A. Guiducci.

294. Sacre et couronnement de Louis XVI, roi de France et de Navarre, à Reims, le 11 juin 1775, précédé de recherches sur le sacre des rois de France, depuis Clovis jusqu'à Louis XV, enrichi d'un très-grand nombre de figures en taille-douce, gravées par le Sr Patas. *Paris,* 1775, in-4, veau, fil. tr. dor.

295. Ausführliche Beschreibung.... Description exacte de la vingt-huitième ascension de Blanchard, exécutée à Nuremberg, le 12 novembre 1787. *Regensburg,* 1787, in-4, br.

Sur le titre, le portrait de Blanchard; à la fin, 4 planches.

296. Braun et Hogenberg. Civitates orbis terrarum in æs incisæ et excusæ, et descriptione topographica, morali et politica illustrata. *Coloniæ,* 1572-1618, 6 tom., 3 vol. gr. in-fol., mar. rouge à compart., tr. dor. (*Anc. rel.*)

Bel exemplaire de cette collection remarquable, qui contient de nombreuses vues et plans de villes de France, d'Espagne, de Belgique, d'Angleterre, etc., d'après les dessins de Hœfnagel. *Les planches représentent en même temps les costumes des différents pays.* La reliure du sixième volume, dont le texte est en français, est une imitation moderne, parfaitement réussie. Dans ce même volume on remarque une grande planche pliée représentant l'entrée de Henri III à Cracovie.

297. Costumes anciens et modernes. Habiti antichi et moderni di tutto il mondo di Cesare Veccellio ; suivis d'un Essai sur la gravure sur bois, par A.-F. Didot. *Paris, Didot*, 1860, 2 vol. in-8, fig. sur bois, br.

298. Jacob Schrenck von Notzing. Augustissimorum imperatorum, regum atque archiducum, illustrissimorum principum, necnon comitum, baronum, nobilium, clarissimorum virorum verissimæ imagines et rerum ab ipsis gestarum descriptiones, quorum arma in Ambrasianæ arcis armamentario conspiciuntur. 125 planches, plus les feuillets liminaires. *OEnisponti, Bauer*, 1602, gr. in-fol., mar. br.

Le plus beau et le plus curieux livre qui ait été publié sur les armures. Les planches ont été gravées par D. Custodis. Chaque gravure est entourée d'une riche bordure qui est toujours différente.
Le texte de notre exemplaire est *en allemand*.

399. Anthologia gnomica. Illustres veterum græcæ comœdiæ scriptorum sententiæ, prius ab Henrico Stephano qui et singulas latine convertit, editæ Joh. Posthii auspiciis collectæ a Chr. Egenolpho. *Francofurti ad Mœnum, impensis Sig. Feyerabendii*, 1579, pet. in-8, fig. en bois, peau de tr. gauf.

Volume rare, destiné à servir d'*Album amicorum*. Il est rempli de belles figures de costumes gravées d'après les dessins de Josse Amman.

300. Cleri totius Romanæ Ecclesiæ subjecti, seu pontificum omnium omnino utriusque sexus, habitus, artificiosissimis figuris, quibus Franc. Modii singula octosticha adjecta sunt, nunc primum a Judoco Ammanno expressæ *Francofurti, S. Feyrabend*, 1585, pet. in-4, 105 costumes grav. en bois, mar. rouge, fil. tr. dor. (*Hardy-Mennil.*)

Très-bel exemplaire.

301. Recueil de tous les costumes religieux et mi-
litaires, avec un abrégé historique et chronologique, par J.-C. Bar. *Paris*, 1773-1789, 5 vol.
in-fol., fig. color., demi-rel.

302. Les Métamorphoses de Melpomène et de Tha-
lie, ou Caractères dramatiques des comédies françoise et italienne, dessinés d'après nature par
Whirsker. *Paris, Campion frères*, 1782, in-4,
demi-rel.

> Costumes de théâtre, avec les noms des acteurs et des actrices.

X. CHASSE, ÉQUITATION, ART MILITAIRE.

303. Le Parfait Chasseur, pour l'instruction des personnes de qualité ou autres qui aiment la chasse,
par M. de Selincourt. *Paris, G. Quinet*, 1683, in-
12, veau br.

> Joli exemplaire d'un volume rare, vendu 140 fr. chez Solar.

304. Traitté de toute sorte de chasse et de pêche,
avec la manière de prendre aux piéges toutes sortes
d'oiseaux et bêtes à quatre pieds; un Traitté de la
volerie et des oiseaux qui y servent; un Traitté de
la grande chasse, etc. *Amsterdam, Roger*, 1714,
2 vol. in-12, fig. v. jasp.

> Bel exemplaire.

305. Amusements de la campagne, ou nouvelles
ruses innocentes, qui enseignent la manière de
prendre toutes sortes d'oiseaux et de bêtes à quatre
pattes. Avec les secrets de la pêche et un Traité
général de toutes les chasses. Par L. Liger. *Paris,
Savoye*, 1753, 2 vol. pet. in-8, fig. en bois, v.

306. La Meute et la Vénerie, pour lièvre, de Jean
de Ligneville, grand veneur de Lorraine et de
Barrois, publié par H. Michelant. *Metz, Rous-
seau-Pallez*, 1865, in-8, br.

> Exemplaire en papier de Hollande.

307. La Caccia dell' ill. signor Valvasone, con annotationi di M. Olimpio Marcucci. *Bergamo, Comin
Ventura*, 1593, in-12, v. tr. dor.

Bel exemplaire, auquel on a ajouté une belle lettre autographe de Valvasone (une page in-fol.).

308. Latham's Faulconery, or the faulcons lure and
cure. *London, R. Hodgkinsonne for Th. Rooks*,
1658, 2 part. en un vol., pet. in-8, fig. sur bois,
veau ant.

Volume très-rare en France.

309. Libro di M. Federico Giorgi, de modo di conoscere i buoni falconi, astori e sparauieri, di
farli, di gouernarli e di medicarli. *Vinegia, G. Giolito de' Ferrari*, 1558, pet. in-8, veau f. fil. tr. dor.
(*Petit.*)

310. Histoire de la Nature des oyseaux, avec leurs
descriptions et portraicts, retirez du naturel, par
P. Belon du Mans. *Paris, Gilles Corrozet*, 1555,
in-folio, figures sur bois de Geoffroy Tory,
v. f.

311. L'Art de la cavalerie, ou la Manière de devenir
bon écuyer par des règles aisées et propres à dres-
ser les chevaux à tous les usages que l'utilité et le
plaisir de l'homme exigent, etc., par Gaspard de
Saunier. *Amsterdam et Berlin, J. Neaulme*, 1756,
in-fol., 27 planches. cart. non rog.

312. Ordini di cavalcare et modi di conoscere le
nature de' cavalli. Con le figure di diverse sorti di
morsi, comp. dal sig. F. Grisone. *Pesaro, Cesano*,
1556, in-4, grav. en bois, vél. (*Quelques petites
piqûres.*)

313. Flaue Vegece Rene, homme noble et illustre du
fait de guerre et fleur de chevalerie. Sexte Jule
Frontin, des stratagemes, espèces et subtilitez de la
guerre. Allian, de l'ordre des batailles, etc. *Paris,*

Wechel, 1536, in-fol. goth., 120 gravures en bois
de la grandeur des pages, veau, tr. dor.

Bel exemplaire réglé.

314. Tractatus de duello. Remedio de desafiados saca-
do y vulgarizado del tractato de duello compuesto
por el doctor Diego de Castillo. *Impressum Tau-
rini per D. Antonium Ranotum*, 1525, 2 vol. en
un, in-4, goth. vél.

315. Nicolai Uptoni de studio militari libri quatuor.
Johan. de Bado Aureo tractatus de armis. Henrici
Spelmanni Aspilologia. Edoardus Bissæus e codicibus mss. primus publici iuris fecit, notisque
illustravit. *Londini, Norton*, 1654, 1 vol. in-fol.,
vélin.

Bel exemplaire d'un livre rare. Outre le portrait de Spelman, gravé par
Faithorne, le volume contient un grand nombre de figures par Hollar et
autres; blasons, sceaux, etc., dans le texte; plus, 2 grandes planches
pliées.

316. Albrecht Durer. Etlich Underricht, zu befesti-
gung der Stett, Schlosz und Flecken (Méthode de
fortification des villes et châteaux). *Getruckt zu
Nuremberg*, 1527, in-folio, goth., fig. en bois,
parch.

Très-bel exemplaire, dans sa première reliure, avec la grande planche
en 2 feuilles représentant le siége d'une ville. On a ajouté le feuillet
d'*errata* imprimé *qui a paru plus tard*. Notre exemplaire contient, de
plus, un *errata* manuscrit de la main de H. Tucher, fait à l'époque et dif-
férant de celui qui a été imprimé plus tard.

Il paraît certain que *Vauban* a puisé les éléments de sa méthode de
fortification dans l'ouvrage du célèbre peintre.

317. L'Art des armées navales, ou Traité des évolu-
tions navales, par Paul Hoste. *Lyon, Anisson et
Posuel*, 1697, in-fol. nombr. fig., par Ogier, vél.
cordé.

XI. ARCHITECTURE, ORNEMENTS, DENTELLES.

318. Vitruvii de architectura libri decem, apparatu
præmuniti, emendationibus et illustrationibus

refecti, thesauro variarum lectionum ex codicibus undique quæsitis et editionibus universis locupletati, tabulis CXXXX declarati, ab Aloysio Marinio. *Romæ,* 1836, 4 vol. gr. in-fol., cart. non rog.

319. Pietro Cataneo. L'Architettura, alla quale oltre all' essere stati dall' istesso autore revisti, meglio ordinati, e di diuersi disegni e discorsi arrichiti i primi quattro libri per l'addietro stampati, sono aggiunti di più il quinto, sesto, settimo e ottavo libro. *Venetia, Aldo,* 1567, gr. in-fol., fig. sur bois, vél.

Ouvrage aussi bien exécuté que bien conçu, avec des gravures en bois d'un beau dessin. Bel exemplaire, grand de marges, d'un des livres rares de la collection aldine.

320. Trattati risguardanti l'Architettura, di Giuseppe Boschi, pittore ed architetto faentino. *Faenza e Roma,* 1792-98, 15 vol. in-fol. et in-4, vél.

Cette collection importante contient environ 1,500 dessins de Boschi, tous inédits et entourés très-souvent de jolies bordures variées.

321. Collections lithographiques exécutées par les élèves de l'École des ponts et chaussées et publiées sous la direction de MM. Bérigny et Brisson. *Paris,* 1817-25, 4 vol. in-folio, demi-rel. maroq. rouge.

322. Tapisseries du Roy, où sont representez les quatre elemens et les quatre saisons, avec les devises qui les accompagnent et leur explication (en allemand et en français). *Augsbourg,* 1687, in-fol. cart.

Les jolies planches sont gravées par Ulr. Krauss.

323. Tapisseries du Roy, où sont representez les quatre elemens avec les devises qui les accompagnent. *Amsterdam, P. van den Berge, s. d.,* 2 vol. en un pet. in-fol., fig., demi-rel.

324. Imperatorum et Cæsarum vitæ cum imaginibus ad vivam effigiem expressis. Libellus auctus, cum elencho et iconiis Consulum. *Argentorati, Vuolph-*

gangus Cephalæus, 1534, 2 vol. en un, pet. in-4, mar. br., plats ornés, tr. dor. (*Petit.*)

Les nombreux ornements gravés en bois qui se trouvent dans ce volume sont d'un beau style de renaissance et vraisemblablement exécutés par les frères Vogtherr.

325. Imperatorum Romanorum omnium verissimæ imagines, addita cujusque vitæ descriptione. *Tiguri, ex officina A. Gesneri*, 1559, gr. in-fol., port. et bord. grav. en bois, vél.

Bel exemplaire. Les grandes bordures portent les monogrammes R. W. — H. R. — M. D. — Ce qui rend ce volume précieux, ce sont les nombreux et beaux ornements qui se trouvent au verso des feuillets ; ils ont été gravés par P. Floetner. Nous ignorons si Androuet Du Cerceau les a copiés d'après Floetner, ou celui-ci d'après Du Cerceau. La première supposition est la plus probable.

326. La Vita et Metamorfosio d'Ovidio, figurato ed abbreviato in forma d'epigrammi da M. Gabriello Symeoni. Con altre stanze. All' illustrissima signora duchessa di Valentinois. *A Lione, per Giovanni de Tournes*, 1559, in-8, fig. en bois du Petit Bernard, parch.

Chaque page est entourée d'une belle bordure dans le style de la Renaissance, gravée en bois. Quelques-unes de ces bordures sont si lascives que l'on peut s'étonner que le volume soit dédié à une dame.

327. Libellus scutorum seu signorum publicorum regnorum ac statuum sacri Romani imperii, quæ singulari diligentia, cura et industria, imaginibus ac coloribus suis, expressit Virgilius Solis, pictor ac civis Norimbergensis. *Jan Bussenmecher excudit, s. d.*, pet. in-4, vél. rouge.

Cinquante-deux planches finement gravées à l'eau-forte ; la dernière porte la date de 1555.
Beau livre d'ornements en ce qui concerne l'héraldique.

328. Imprese illustri di diversi co i discorsi di Camillo Camilli, et con le figure intagliate in rame di Girolamo Porro. *Venetia, Fr. Ziletti*, 1586, 3 part., 1 vol. pet. in-4, vél.

Avec 108 eaux-fortes, *cadres et cartouches d'une riche ornementation.* Selon Cicognara (Cat., n° 1870), Porro n'a peut-être rien fait de plus beau que les figures qui ornent ce livre.

329. Les Singuliers et nouveaux Pourtraicts du seigneur Federic de Vinciolo Venitien, pour touttes

sortes ouvrages de lingerie, dédié à la Royne. De-
rechef et pour la troisiesme fois augmentez, outre
le reseau premier et le point couppé et lacis, de
plusieurs beaux et differens portrais de reseau de
point côté, auec le nombre des mailles, chose non
encore veue ni inuentee. *A Paris, Jean le Clerc,*
1594, in-4, maroq. rouge, tr. dor. (*Chambolle-
Duru.*)

> Charmant volume, de la plus grande rareté, contenant de nombreux
> modèles de dentelles et d'ouvrages à l'aiguille. Très-bel exemplaire ayant
> les grandes planches pliées intactes ; seulement, le deuxième feuillet, qui
> ne contient que les armes de France, est en *fac-simile.*
> L'édition de 1603 a été vendue 660 fr. chez Yemeniz.

330. Trésor de la cathédrale d'Augsbourg. Historia
und Wunderzaichen des Sacraments so im Got-
teshaus in Augspurg verehrt wirdt. Sambt den
H. Reliquiis wie man sie jährlich de 11 Tag May
dem Volcke öffentlich zaigt, durch Oct. Lader.
Augsburg, 1625, in-4, veau noir à comp., tr. dor.
(*Anc. rel.*)

> Avec 131 planches finement gravées par D. Manasser, représentant des
> pièces d'*ancienne orfévrerie.*

331. Becker et Hefner. Objets d'art et meubles de
luxe du moyen âge et de la Renaissance (Kunst-
werke und Geræthschaften des Mittelalters). *Francfort,* 1852 et suiv., 3 vol. gr. in-4, demi-rel.

> Magnifique ouvrage, avec planches coloriées et rehaussées d'or. C'est le
> plus beau qui ait paru dans ce genre jusqu'à nos jours, n'importe dans
> quel pays.
> On a ajouté des titres et des tables en français. (Tirés à 12 exempl.)

XII. PHILOLOGIE. — AUTEURS GRECS ET LATINS, ETC.

332. Auctores latinæ linguæ, in unum redacti cor-
pus, adiectis notis D. Gothofredi. *Genevæ, Chouet,*
1622, in-4, bas. mar. rouge fleurdel., tr. dor.
Aux armes. (*Rel. de l'époque.*)

333. Nomenclator omnium rerum propria nomina variis linguis explicata indicans (latin, grec, allemand, flamand, français, italien et espagnol), Hadr. Junio auctore. *Parisiis, sub Circino aureo,* 1567, pet. in-8, v. fauve.

> Beau volume, imprimé en caract. ronds, gothiques et italiques.

334. Vocabulario, grammatica et ortographia de la lingua volgare d'Alberto Acharisio da Cento, con ispositioni di molti luoghi di Dante, del Petrarca et del Boccaccio. *Stampato in Cento,* 1543, in-4, caract. ital., demi-rel.

> Première édition, très-rare.

335. Grammaire de P. de La Ramée. *A Paris, de l'impr. d'André Wechel,* 1572, pet. in-8, mar. rouge, fil.. tr. dor. (*Bauzonnet-Trautz.*)

> Exemplaire Yemeniz (n° 1252), grand de marges, mais dont le dernier feuillet a été refait par Gobert.

336. Glossaire de la langue romane, par J.-B.-B. Roquefort. *Paris,* 1808, 2 vol. in-8, demi-rel. mar. rouge.

337. Homeri Ilias, Ulyssea, Batrachomyomachia, Hymni (græce, cum vita Homeri, ed. Aldo Pio Manutio). *Venetiis, in ædibus Aldi et Andreæ Asulani soceri,* 1517, 2 vol. pet. in-8, veau br. gauf. (*Première reliure.*)

> Édition la meilleure et la plus rare des trois que les Aldes ont données. — Bel exemplaire, malgré quelques notes manuscrites, parfaitement complet. Il est d'une hauteur de 164 millim. ; c'est-à-dire qu'il est presque non rogné.

338. Homeri Odyssea, ejusdem Batrachomyomachia, hymni, aliaque ejus opuscula seu catalecta. Omnia græce et latine, cum præs. Scholiis et indice D. Giphanii. *Argentorati, Th. Rihelius* (circà 1550), pet. in-8, maroq. rouge, fil., tr. dor. (*Première reliure.*)

> On remarque sur le dos, comme ornement, un serpent formant un anneau cinq fois répété.

339. Les XXIV livres de l'Iliade d'Homère traduicts du grec en vers françois, les XI premiers par

M. Hugues Salel, et les XIII derniers par Amadis Jamin; avec le Ier et le IIe de l'Odyssée d'Homère, par Jaques Peletier du Mans. *Paris, Brayer,* 1577, 2 vol. pet. in-8, veau fauve, fil. tr. dor. (*Anc. reliure.*)

340. Les XXIV livres de l'Iliade d'Homère, prince des poëtes grecs, trad. en vers françois, les XI premiers par Hugues Salel, les XIII derniers par Amadis Jamin. *Paris, Abel l'Angelier,* 1599, 2 vol. in-12, parch.

341. Collection Pickering. Virgile, Horace, Térence, Catulle, Tibulle et Properce. *Londres,* 1820-24, 4 vol. in-64, dont 3 en cuir de Russie, tr. dor., et le 4e cart., non rog.

Éditions microscopiques, assez recherchées.

342. OEuvres de Virgile, traduites en vers français par Tissot (Bucoliques) et Delille (Géorgiques et Enéide), en vers italiens par Arici et Annibal Caro, en vers anglais par Warton et Dryden, en vers allemands par Voss (texte latin en regard, d'après Heyne). *Paris et Lyon,* 1838, 2 vol. très-grand in-8, cart. non rog.

Exemplaire en grand papier de couleur, publié au prix de 350 fr. L'édition est précédée d'une vie de Virgile, d'un catalogue des manuscrits connus et d'une bibliographie virgilienne.

343. OEuvres complètes d'Horace, traduites en français par Ch. Batteux, éd. augmentée d'un commentaire par N.-L. Achaintre. *Paris,* 1823, 3 vol. in-8, demi-rel. veau f.

344. M. Annæi Lucani Pharsalia, ex optimis exemplaribus emendata. *Parisiis, impens. A.-A. Renouard, typis P. Didot,* 1795, in-fol., pap. vél., demi-rel. mar. non rog.

345. Statii Sylvarum libri quinque, Thebaidos libri duodecim, Achileidos duo. *Venetiis, in ædibus Aldi,* 1502, pet. in-8, mar. rouge à riches comp., tr. dor. gauf. (*Première reliure.*)

Bel exemplaire, d'une hauteur de 163 millim.

346. M. V. Martialis epigrammaton libri XIIII. *Apud Seb. Gryphium, Lugduni*, 1546, in-4, v. ant. à riches compart. en noir et or, tr. dor. cisel.

Charmante et fraîche reliure de l'époque, genre Grolier.

347. Macaronéana, ou Mélanges de littérature macaronique des différents peuples de l'Europe, par O. Delepierre. *Paris*, 1852, in-8, br.

Un des quatre exemplaires sur papier de Hollande.

348. Magistri Stopini poetæ Ponzanensis Capriccia Macaronica. *Cremonæ, Pueroni*, 1675, pet. in-8, mar. br., plats ornés, tr. dor. (*Hardy-Mennil.*)

Édition rare.

349. Khosrou et Schirin et Ferhâd. In-8, mar. br. à riches compart. en or, à recouvrements, doublé de mar. rouge à compart. (*Curieuse reliure orientale.*)

Manuscrit persan, réglé en or et orné de 22 miniatures en or et couleurs.
Deux poëmes fort en vogue en Perse.

350. Longus. Daphnis et Chloe, *græce*, recensuit Ludovicus Dutens. *Parisiis, Didot*, 1776, pet. in-8, mar. bl., fil. tr. dor. (*Thouvenin.*)

351. F. Cicereii epistolarum libri XII et orationes quatuor. M. Maphæi filii epistolarum liber singularis, et aliorum varia, quæ omnia ex mss. codicibus nunc primum in lucem prodeunt, cura et studio D. Pompeii Casati. *Mediolani*, 1782, 2 vol. in-4, pap. fort, maroq. rouge, dent. tr. dor.

XIII. POÈTES FRANÇAIS.

352. Fabliaux et Contes des poëtes françois des XII°, XIII°, XIV° et XV° siècles, tirés des meilleurs auteurs (par Barbazan). *Paris, Vincent*, 1756, 3 vol. in-12, demi-rel.

353. Credo du sire de Joinville. *Paris, Didot (pour la société des Bibliophiles français)*, 1837, gr. in-8. demi-rel. mar. r.

354. Poésies morales et historiques d'Eustache Deschamps, écuyer, huissier d'armes des rois Charles V et Charles VII ; avec un précis historique et littéraire sur l'auteur, par G.-A. Crapelet. *Paris*, 1832. Additions, 1834, 2 vol. gr. in-8, pap. vél. fac-sim. br.

355. Le Romant des Trois Pelerinages, fait et c̄pose par frere Guillaume de Deguileuille. (*Paris, B. Rembolt) pour maistre Barthole et Jehan Petit, S. d.*, pet. in-4 goth. à 2 col. rel. en bois.

> Bel exemplaire avec témoins. Les feuillets 173 et 220 sont, du reste, en manuscrit.

356. Le Champ vertueux de bonne vie appelle Mandevie (par Jehan du Pin). *Imprime a Paris par Michel le Noir* (vers 1486), pet. in-fol. goth. avec 2 fig. en bois, veau marbr. (*Aux armes du duc de Roxburghe.*)

> Édition très-rare, imprimée en gros caract. goth., la première partie à longues lignes, la seconde à deux col. M. Brunet l'indique par erreur du format pet. in-4. Le titre et quelques feuillets de notre exemplaire (bien conservé) sont en *fac-simile.*

357. La Danse aux aveugles et autres poésies du xve siècle, extraites de la bibliothèque des ducs de Bourgogne (par P. Michault). *Lille, Panckouke*, 1748, in-12, pap. fort, cart. non rog.

358. Sensuit la chasse et le départ damours. Nouellemēt imprime a Paris. Ou il y a de toutes les tailles de rimes q lon pourroit trouuer. Composee par Reuered pere en dieu messire Octauien de sainct gelaiz euesque Dangoulesme. *On les vend a Paris, en la grant rue sainct Jacqs, a lēseigne de la roze blāche courōnée, s. d.* in-4 goth. à 2 col. fig. en bois. v. (*Aux armes du duc de Richelieu.*)

> Édition très-rare.

359. Le Vergier dhonneur nouuellement imprime a Paris. De l'entreprinse et voyage de Naples. Auquel est cōprins comment le Roy Charles huitiesme de ce nō a baniere desployee palla et repalla de iournee en iournee depuis Lyon iusques a Naples, etc., par Octauien de sainct Gelais. *On les vend a Paris en la grāt rue S. Jaques*, s. d. in-4 goth. v.

Le titre et le dernier feuillet sont en *fac-simile*, et le dernier feuillet est raccommodé.

360. Les Poésies de Guillaume Coquillart, official de l'église de Reims. *Paris, Coustelier,* 1723, pet. in-8, vél. bl.

361. Cent cinq Rondeaulx d'amour, publiés, d'après un manuscrit du commencement du xvi⁰ siècle, par Edwin Tross. *Paris,* 1863, *imprimerie de M. Louis Perrin, à Lyon,* 1 vol. pet. in-8, avec fac-simile, br.

Épuisé.
Volume imprimé en caractères italiques, en rouge et en noir, réglé, exécuté d'une manière particulière ; une des plus belles productions des presses de M. Louis Perrin. C'est le premier ouvrage qui ait été exécuté dans ce genre. Ces *Rondeaux* forment un charmant petit roman.

362. Les Genealogies, effigies et epitaphes des roys de France, recentement reueues et corrigees par l'autheur (J. Bouchet). *Poictiers, en la boutique de Jacques Bouchet, par Jehan et Enguilbert de Marnef,* 1545, in-fol. caract. ronds, fig. sur bois, vél.

Cette édition est la plus complète que l'on ait publiée. Elle contient un grand nombre des ouvrages poétiques de Jean Bouchet : le Chapelet des Princes, — Ballades, — Déploration de l'Eglise, — Apophthegmes des Sages, — Dizains, — Élégies, — Remèdes d'Amour, etc., etc.

363. Les OEuvres de Clement Marot, le tout par lui autrement et mieulx ordonné que par cydeuant. *Imprimé à Paris, par Jehan Bignon,* 1540, 3 vol. en un, in-16, fig. en bois, demi-rel. vél.

Première édition illustrée de Marot, très-rare. L'exemplaire est court de marges, et l'églogue annoncée sur le titre ne s'y trouve pas.

364. Les OEvvres de Clement Marot, reveves et avg-
mentees de novveau. *A Lion, chez Guillaume*
Rouille, 1553, in-16, fig. en bois, mar. La Vall. à
comp. tr. dor. (*Niedrée.*)

Joli exemplaire, dans une charmante et fraîche reliure du bon temps
de l'artiste. Cette édition contient dans les *Métamorphoses* les gracieuses
figures du Petit-Bernard.

365. Les OEuvres de Clément Marot. *Paris, Gabriel*
Buon, 1568, in-16, caract. italiques, mar. La Vall.
plats ornés, tr. dor. (*Hardy-Mennil.*)

Bel exemplaire d'une jolie édition non citée dans le *Manuel* de Brunet.

366. Traductions de latin en françoys, imitations et
inventions nouvelles, tant de Clément Marot que
d'autres les plus excellens poëtes de ce tems.
Rouen, Pierre Cornier, 1553, in-16, mar. r. tr.
dor. (*Anc. rel.*)

Exemplaire un peu court de marges, avec des notes autographes de La
Monnoye. On lit sur la garde : « On reconnaît les livres de la Monnoye
par cette devise : *A Delio nomen*, et par les notes curieuses que sa plume
leur confiait en traits presque microscopiques, mais élégants et bien formés. » Ch. Nodier.

367. OEuvres choisies de Clément Marot. *Paris,*
Didot, 1801, in-12, pap. vél. veau fauve, fil. tr.
dor.

368. Delie objet de plus haute vertu, poësies amoureuses, par Maurice Sceve, Lyonnois. *Lyon, N.*
Scheuring, 1862, pet. in·8, fig. en bois, br.

Tiré à 200 exemplaires.

369. Erreurs amoureuses. *A Paris, par Charles l'An-*
gelier, 1553, 40 feuillets. — Continuation des Erreurs amoureuses, avec un Chant en faveur de
quelques excellens poëtes de ce temps. *Paris, par*
Charles l'Angelier, 1553, 36 ff. dont le dernier ne
contient que la marque de Ch. l'Angelier, 2 vol.
en un. pet. in-8, carré. veau. (*Première reliure.*)

Exemplaires magnifiques. M. Brunet attribue la première pièce à Pon-
thus de Thyard; la seconde est d'Antoine Du Moulin. L'une et l'autre
sont dédiées à Maurice Scève, et elles paraissent être du même auteur.
Chacun de ces charmants volumes est orné de deux portraits de femme en
médaillon, gravés en bois. Ces deux éditions sont tellement rares qu'elles
ne sont pas citées dans le *Manuel* de Brunet.

370. OEuvres de Ronsard, tomes IX et X. *Paris, B. Macé,* 1609-10, 2 tomes en 1 vol, pet. in-12, vél.

371. Les Amours de Jan-Antoine Baïf, à monseigneur le duc d'Anjou, fils et frère du roy. *Paris, L. Breyer,* 1572, pet. in-8, non rel.
   Bel exemplaire. Hauteur : 171 millim.

372. Les Passetems de Jan-Antoine Baïf, à monseigneur le Grand Prieur. *A Paris, Lucas Breyer,* 1573, pet. in-8. non rel.
   Exemplaire magnifique. Hauteur : 178 millim.

373. Les OEuvres poëtiques d'Amadis Jamyn, reueues, corrigees et augmentees pour la seconde impression. *A Paris, Robert le Mangnier,* 1577, in-12, maroq. olive à compart. dos à la rose, tr. dor. (*Capé.*)
   Bel exemplaire réglé.

374. Les Premières OEuvres de Philippe Desportes. *Paris, Mamert Patisson,* 1579. In-4, maroq. r. tr. dor. (*Hardy-Mennil.*)
   Exemplaire magnifique, aux armes du prince d'Essling.

375. OEuvres complètes de Mathurin Regnier, avec les commentaires revus et corrigés, précédées de l'histoire de la satire en France, pour servir de discours préliminaire, par Viollet-le-Duc. *Paris, Jannet,* 1853, in-12, mar. r. fil. tr. dor. (*Tripon.*)

376. OEuvres de Regnier. *Londres (Cazin);* 1780, 2 tomes en 1 vol. in-18, demi-rel.

377. Les OEuvres de François de Malherbe, avec les observations de Ménage et les remarques de Chevreau sur les poésies. *Paris, Barbou,* 1723, 3 vol. in-12, maroq. bleu, fil. tr. dor. (*Anc. rel.*)
   Bel exemplaire.

378. OEuvres choisies de Malherbe. *Paris, Didot,* 1796, in-18, portr. pap. vél. demi-rel. veau f. (*Simier.*)
   Tiré à 100 exemplaires.

379. Les Chansons folastres et récréatives de Gautier Gargville, comesdien ordinaire de l'hostel de Bourgogne. *Paris, Claudin*, 1858, in-12, maroq. bleu, fil. tr. dor. (*Hardy.*)

Exemplaire sur papier de Chine.

380. Chants et Chansons populaires de la France. *Paris, Delloye*, 1843-44, 3 vol. gr. in-8, fig. et musique, cart.

Épuisé et rare. Cette édition est recherchée à cause des jolies figures et bordures gravées à l'eau-forte dont elle est ornée.

381. Recueil de chansons choisies. 202 pages et 3 ff. de table, in-8 oblong, mar. rouge, fil. tr. dor. (*Belle rel. anc.*)

Manuscrit du commencement du siècle passé, contenant 109 chansons avec la musique.

382. Recueil des plus belles pièces des poëtes françois, tant anciens que modernes. *Paris, Claude Barbin*, 1692, 5 vol. in-12, frontisp. gr. mar. vert, fil. tête dor.

Exemplaire non rogné de cette curieuse collection dont un exemplaire non rogné été payé 253 francs à la vente Veinant.

383. Nouveau Cabinet des Muses, ou l'eslite des plus belles poésies de ce temps. *Paris, veuve Edme Pepingué*, 1661, in-12, v.

Ce volume contient des pièces assez piquantes.

384. Contes et Nouvelles en vers, par M. de La Fontaine. *Amsterdam (Paris, Barbou)*, 1762, 2 vol. in-8, portr. et fig. mar. citr. fil. tr. dor. (*Aux armes de la duchesse de Berry.*)

Bel exemplaire de l'édition dite des Fermiers généraux. Les figures du *Cas de conscience* et du *Diable de Papefiguière* ne sont pas voilées.

385. Fables choisies, mises en vers par J. de La Fontaine. *Leide, Luzac*, 1764-86, 6 vol. in-8, fig. de Punt et Vinkeles d'après Oudry, demi-rel. dos de toile, non rog.

Exemplaire d'ancien tirage.

386. Fables choisies, mises en vers par J. de La Fontaine, nouvelle édition, gravée en taille-douce par

Fessard, le texte par Montulay (et Drouet). *Paris*, 1765-75, 6 vol. in-8, veau éc., fil. tr. dor.

Bel exemplaire.

387. Le Tableau de la vie et du gouvernement des cardinaux Richelieu et Mazarin et de M. Colbert, représenté en diverses satyres et poésies ingénieuses, avec un recueil d'épigrammes sur la vie et la mort de Fouquet. *Cologne, P. Marteau,* 1693, pet. in-8, demi-rel. vél.

Les pages 351 et suiv. contiennent : *Paris ridicule, poëme satyrique* (par Petit).
Exemplaire rempli de témoins.

388. OEuvres et poésies diverses de M. l'abbé de Chaulieu et de M. L. M. de la Farre. *Amsterdam, J. Chatelain,* 1740, 2 vol. gr. in-8, mar. rouge, fil. tr. dor. (*Anc. rel.*)

Exemplaire en grand papier.

XIV. POÈTES ÉTRANGERS.

389. Orlando innamorato, composto già dal S. Matteo Maria Boiardo, et hora riffatto tutto di nuovo da M. Francisco Berni. *Venetia, eredi di Lucantonio Giunta,* 1545, in-4, mar. rouge à riches compart. en or, tr. dor.

Belle reliure ancienne, aux armes d'Alexandre de Médicis, depuis Pie IV. Cet exemplaire a été payé 255 fr. à la vente Gancia.

390. Roland amoureux, composé en italien par Math. Bayardo (*sic*), et traduit fidelement de nouveau par F. de Rosset. *Paris, R. Fouet,* 1619, in-8, fig. en taille-douce par Jaspar Isaac, in-8, veau f. fil. tr. dor. (*Rel. anc.*)

Aux armes du comte d'Hoym.

391. Orlando furioso di L. Ariosto, con gli argomenti et correttioni di Girol. Ruscelli. *Lyone, G. Rovillio,* 1561, in-18, fig. sur bois, vél.

392. Orlando furioso di M. L. Ariosto, revisto e ristampato sopra le correttioni di Jeronimo Ruscelli. *Lyone, G. Rovillio,* 1570, in-12 allongé, fig. sur bois, veau vert.

393. Roland furieux, composé premierement en ryme thuscane par messire Loys Arioste, noble Ferraroys, et maintenant en prose françoyse : partie suyvät la phrase de l'auteur, partie aussi le style de nostre langue. *A Paris, chés Arnoul Langelier,* 1552, pet. in-8, v. ant. à riches compart. d'or et de couleurs, tr. dor. (*Première rel.*)

Édition non citée dans le *Manuel du Libraire.*

394. Imitations de quelques chansons de l'Arioste par divers poëtes, par Philippe Desportes, Saint-Gelais, J.-A. de Baïf et Louys d'Orléans. *Paris, Lucas Breyer,* 1572, 72 feuillets. — Chant XXVIII du Roland furieux d'Arioste, monstrant quelle asseurance on doit avoir aux femmes ; traduict en françois par N. R. P. (Nicolas Rapin). *Paris, L. Breyer,* 1582, 20 ff. — Isabelle, imitation de l'Arioste, par Ant.-Math. de Laval, Foresien ; à très-illustre princesse Henriette de Clèves. *Paris, L. Breyer,* 1576, VIII et 59 ff., 3 vol. en un, pet. in-8, v. ant.

Pièces rares. La troisième contient 31 sonnets amoureux par M. de Laval, et non pas de La Valle, comme l'indique le *Manuel* de Brunet.

395. La Morte di Ruggiero continuata alla materia de l'Ariosto, con ogni riuscimenti di tutte l'imprese generose da lui proposte. Per Giovambattista Pescatore da Ravenna. *In Venegia, per Comin da Trino,* 1550, in-4 à 2 col. fig. en bois, parch.

396. La Gierusalemme liberata di Torquato Tasso, con le figure di B. Castello, e le annotationi di Sc. Gentile e di G. Guastavini. *Genova, Bartoli,* 1590, in-4, vél.

397. Goffredo, overo Gierusalemme liberata, poema heroico di Torquato Tasso, con l'aggiunta de' cinque canti de Camello Camilli. *Venetia, Vicenti,* 1611, 2 part. en 1 vol. in-4, jolies gravures en taille-douce, vél.

398. La Gerusalemme liberata di Torquato Tasso, con gli argumenti di B. Barbato. *Venetia, F. Curta, S. d.* in-4, fig. sur cuivre, bas.

399. La Gerusalemme liberata di Torquato Tasso, con gli argumenti di B. Barbato. *Padova, P.-P. Tozzi,* 1628, in-4, fig. sur bois, parch.

400. La Gerusalemme liberata di Torquato Tasso. *Venetia, all' insegna della Sapienza,* 1673, in-4, fig. de Valegio, demi-rel.

401. La Gerusalemme conquistata, del S. Torquato Tasso, libri XXIIII. *Roma, G. Facciotti,* 1593, in-4, vél.

Première édition.

402. La Guerra di Parma. *Parma, Seth Viotto,* 1552, in-12, maroq. r. fil. tr. dor. (*Aux armes de Louis XIV.*)

Ce poëme, cité par Affo, est de G. Leggiadri Galani, Parmesan.

403. Ch' n' h' cervel hapa gamb ; o sia la liberazione di Vienna assediata dall' armi ottomane, poemetto giocoso di Lotto Lotti. *Parma, heredi del Vigna,* 1685, pet. in-8, fig. maroq. rouge, tr. dor. (*Duru.*)

Poëme burlesque en patois de Bologne.

404. Terze rime del Molza, del Varchi, del Dolce et d'altri. (*Venetia*), *per Curtio Navo et fratelli,* 1539, pet. in-8, maroq. viol. dent. tr. dor.

405. Le Satire alla Berniesca di M. Gabriello Symeoni, con una elegia sopra alla morte del Re Francisco Primo, e altre rime a diuerse persone : al Chr. e invictissimo Re di Francia Arrigo secondo. *In Turino, pro Martino Granotto,* 1549, in-4, maroq. bleu, dent. tr. dor. (*Hardy-Mennil.*)

Bel exemplaire d'un livre d'une grande rareté (Brunet, V, 392). Il contient une foule d'anecdotes relatives à des personnes du xvie siècle et à des événements qui ont eu lieu en France à la même époque.

406. Poesie volgari, nuovamente stampate, di Lorenzo di Medici. *Vinegia, in casa di figliuoli di Aldo,* 1554, pet. in-8, maroq. r. fil. tr. dor. (*Derome.*)

Joli exemplaire en belle reliure. La signature O n'a que 4 ff. (*Voir* Brunet et Renouard.)

407. Le Dieci Mascherate delle bufole mandate in Firenze il giorno di carnevale 1565.—Descrizione del canto de' sogni. — Descrizione dell' Apparato e della Comedia e Intermedii d'essa. *In Fiorenza, i Giunti,* 1566, 3 tomes en 1 vol. pet. in-8, maroq. r. à comp. tr. dor.

Belle reliure ancienne à petits fers. On peut joindre ces ouvrages rares aux *Canti Carnascialeschi* (Brunet, IV, 53o).

408. Canzoni a ballo composte dal magnifico Lorenzo de' Medici et da M. Agnolo Politiano ed altri autori. *In Firenze,* 1568, in-4, parch. non rog.

Réimpression *fac-simile,* due aux soins de M. Gamba, et tirée à 100 ex. sur papier ancien. L'exempl. a les 2 ff. de supplément.

409. La Historia perche si dice è fatto il becco a l'oca. Novamente ristampata. *In Trevigi et in Pistoia* (xvie *siècle*), in-4, 4 ff. à 2 col. maroq. rouge, fil. tr. dor. (*Koehler.*)

Petit volume d'une grande rareté. Bel exemplaire de *Charles Nodier,* avec son *ex-musæo.*

410. La Cetra lagrimosa, poesie liriche del S. D. Diego de Zuniga. *Roma, Bernabo,* 1670, in-12, mar. rouge, à riches comp. tr. dor.

Reliure de l'époque, aux armes de Colonna.

411. Hymnes sacrés de Manzoni, traduits de l'italien avec le texte en regard par J.-F. Grégoire et F.-Z. Collombet, suivis d'un Hymne à la Croix, par Silvio Pellico. *Lyon,* 1836, in-16, mar. r. à comp. tr. dor. (*Niedrée.*)

Exemplaire d'Aimé Martin.

412. Cancionero de obras de burlas provocantes a risa. *Madrid, L. Sanchez* (*Londres, Pickering*) *s. d.,* pet. in-8, br.

Tiré à petit nombre.

413. Ancient spanish Ballads, historical and roman-
tic, translated with notes by J. G. Lockart,
with numerous illustrations from drawings by
W. Allan, David Roberts, William Simson, etc.
London, John Murray, 1842, in-4, fig. en bois,
mar. r. à comp. tr. dor.

Chaque page est entourée d'une bordure dans le style mauresque et tirée en couleurs.

414. Selections from the early ballad'poetry of England and Scotland, edited by R. J. King. *London,
Pickering*, 1842, pet. in-8, en ff.

Exemplaire préparé pour la reliure.

415. The poetical Works of Thomas Moore. *London*,
1843, in-8, portr. maroq. vert, dent. tr. dor.
(*Riche reliure anglaise.*)

416. Les Saisons, poëme, traduit de l'anglais de
Thompson, édition ornée de figures dessinées par
Lebarbier. *Paris, Didot*, 1796, in-8, v. rac. dent.
tr. dor. (*Courteval.*)

Exemplaire en papier vélin, les figures avant la lettre.

417. Spiegel des Regimēts in der Fürsten hœfe, da
Fraw Untrewe gewaltig ist, gedicht von Johan
von Morszheim, Ritter. (Le Miroir du régiment
aux cours des princes, où la Dame Infidélité est
très-puissante.) *Oppenheim*, 1515, pet. in-4 goth.
16 ff. vél.

Petit volume très-rare, orné de 18 jolies gravures en bois.

XV. THÉATRE.

418. M. A. Delrii Syntagma tragœdiæ latinæ. *Lutetiæ Parisiorum, P. Billaine*, 1620, in-4, maroq.
olive à comp. tr. dor.

Riche reliure de l'époque, aux armes de Condé. Piqûres dans les marges.

419. Recherches sur les théâtres de France, depuis l'année 1161 jusqu'à présent, par M. de Beauchamps. *Paris, Prault*, 1735, in-4, v. marbr. fil.

420. Galerie historique des acteurs du Théâtre-Français depuis 1600 jusqu'à nos jours, par P.-D. Lemazurier. *Paris*, 1810, 2 vol. in-8, front. gr. demi-rel.

421. Dictionnaire portatif des théâtres, contenant l'origine des différens théâtres de Paris, etc. (par M. de Lery).*Paris, Jombert*, 1754, in-8, d.-rel. v. f. (*Lortic.*)

422. Commentum Guidonis Juuenalis natione Cenomani in Terentium. *Lugduni*, 1506, in-4 goth. vél.

Le texte de Térence est imprimé en gros caractères.

423. Recueil de farces, sotties et moralités du xve siècle, réunies pour la première fois et publiées avec des notices et des notes par P. L. Jacob. *Paris, Delahaye*, 1859, in-12, veau fauve, fil. tr. dor.

424. Le Théâtre de P. Corneille. *Suivant la copie imprimée à Paris*, 1663-78, 5 vol. petit in-12, n. rel.

Exemplaire complet et dont toutes les pièces sont de bonne date.

425. Le Théâtre de P. Corneille. *Suivant la copie imprimée à Paris*, 1689, 4 vol. — Le Théâtre de Th. Corneille. *Amsterdam*, 1718, 5 vol. Ens. 9 vol. pet. in-12, v. br.

426. Camma, reine de Galatie, tragédie (par Thomas Corneille).*Imprimé à Rouen et se vend à Paris, chez Aug. Courbé*, 1661, in-12, parch.

Bel exempl. de l'édition originale.

427. L'Ariane, de M. Desmaretz. *Paris, M. Guillemot*, 1639, in-4, 17 figures d'Abraham Bosse, v.

428. Les Trois Dorothées, ou le Jodelet souffleté, comédie de M. Scarron. *Suivant la copie imprimée à Paris*, 1648. — L'Intrigue des filous (par de Lestoille). *Suivant la copie, etc.*, 1649, 2 vol. en un pet. in-12, parch.

Éditions imprimées par les Elzeviers.

429. Les OEuvres de J.-B. P. de Molière. *Amsterdam, Jacques le Jeune* (Elzeviers), 1679, 5 vol. pet. in-12, veau br. fil.

> Bel exemplaire, d'une hauteur de plus de 131 millimètres. Les pièces qui ne portent pas la date de 1679 sont : Sganarelle, 1680. — L'Amour médecin, 1680. — Georges Dandin, 1681. — Le Bourgeois gentilhomme, 1680. — Fourberies de Scapin, 1680. — Psyché, 1680. — Femmes sçavantes, 1683. — Ombre de Molière, 1683.

430. OEuvres de Molière. *Amsterdam et Leipzig, Arkstée et Merkus*, 1765, 6 vol. in-12, cuir de Russie, gaufr. fil. tr. dor. (*Simier.*)

> Bel exemplaire d'une édition recherchée à cause des jolies figures de Punt, d'après Boucher.

431. Théâtre de J.-B. Poquelin de Molière, édition collationnée sur les textes originaux et ornée de grav. à l'eau-forte (à mi-page), par F. Hillemacher. *Lyon, N. Scheuring (imprimerie de Louis Perrin)*, 1864-1868, vol. I à V, 5 vol. in-8, broch.

> Magnifique édition, surtout recherchée à cause des charmantes eaux-fortes dont elle est ornée; tirée à 400 exempl. et épuisée. Le 6e volume, qui termine l'édition, paraîtra prochainement.

432. Le Misanthrope, comédie, par J.-B. P. de Molière. *A Paris, chez Jean Ribou*, 1667, in-12, 12 ff. prél. dont un front. gravé, et 84 pages, v.

> Édition originale. Hauteur : 143 millimètres.

433. Molière et sa troupe, par H.-A. Soleirol. *Paris*, 1858, gr. in-8, portraits, broch.

434. Elomire hypocondre, ou les Médecins vengez, comédie, par M. le Boulanger de Chalussay. *Paris, Ch. de Sercy*, 1670, in-12, demi-rel.

435. OEuvres de Racine. *Suivant la copie imprimée à Paris*, 1682, 2 vol. pet. in-12, maroq. rouge à comp. tr. dor. (*Anc. rel.*)

> Bel exemplaire, d'une hauteur de 138 millim. et demi (5 pouces 4 l.). et rempli de témoins. La reliure porte sur le dos LE DAUPHIN ET LA FLEUR DE LIS COURONNÉE. Il provient de la bibliothèque Lamoignon.

436. Le Théâtre de la Foire, ou l'Opéra-Comique, contenant les meilleures pièces qui ont été représentées aux foires de S. Germain et S. Laurent,

enrichies de figures en taille-douce ; par MM. Le Sage et D'Orneval. *Amsterdam, Z. Chatelain,* 1722-31, 6 vol. in-12, musique. br. non rogn.

437. Le Théâtre de la Foire, ou l'Opéra-Comique, par Le Sage. *Amsterdam et Paris, hôtel Serpente,* 1783, 4 vol. in-8, jolies gravures d'après Marillier, v.

438. Théâtre des Boulevards, ou Recueil de parades (publié par Corbie). *A Mahon,* 1756, 3 vol. in-12, fig. veau marbr.

439. Chefs-d'œuvre dramatiques, ou Recueil des meilleures pièces du théâtre françois, avec des discours préliminaires par M. Marmontel. *Paris, Grangé,* 1773, in-4, fig. d'après Eisen, v.

440. Galerie historique des portraits des comédiens de la troupe de Voltaire, gravés à l'eau-forte, sur des documents historiques, par Fr. Hillemacher, avec des détails biographiques inédits, par E.-D. de Manne. *Lyon, Scheuring (imprimerie de L. Perrin),* 1861, in-8, portr. broch.

Épuisé.

441. Théâtre de M. Favart, avec les airs, rondes et vaudevilles gravés. *Paris, Prault,* 1746, 2 vol. in-8, veau marbr. (*Aux armes du marquis de Prié.*)

442. OEuvres de Crébillon. *Paris, Didot,* 1812, 3 tomes en 1 vol. in-8, pap. vél. figures par Peyron, veau jasp.

Exemplaire en papier fin, auquel on a ajouté la suite des figures d'après Moreau avant la lettre. On n'a tiré que 12 exemplaires sur ce papier.

443. L'Orphelin de la Chine, tragédie (à M. le maréchal de Richelieu). *Paris, Lambert,* 1753, in-12, maroq. rouge, fil. tr. dor. (*Anc. rel.*)

444. Le Pot de chambre cassé, tragédie pour rire, ou comédie pour pleurer, par Enluminé de Métaphorainville, grand Colifichetier de la Fée Brillante. *A Ridiculomanie, s. d.,* pet. in-8, cart.

Pièce singulière, avec une Épitre dédicatoire à l'ombre de Molière.

445. Théâtre à l'usage des jeunes personnes. *Paris,
Panckoucke*, 1779-80, 4 vol. in-8, mar. rouge,
fil. tr. dor.

446. Recueil de comédies du temps de la République. 18 brochures in-8.

447. Recueil factice de comédies (34), par Désaugiers,
Dupaty, Andrieux, Lemercier, Beaumarchais et
autres, fin du xviii⁰ et commencement du xix⁰ siècle. 6 vol. in-8, demi-rel.

448. Il Negromante, comedia di messer Ludovico
Ariosto. *S. l. n. d.*, 40 ff. dont le dernier blanc.
—Comedia di Lodovico Ariosto intitolata li Soppo-
siti. *Venetia, Marchio Sessa*, 1536, 32 ff., 2 vol.
en un pet. in-8, parch.

Les deux pièces ont sur le titre le portrait de l'Arioste, gravé en bois.

449. Moschetta, comedia del famosissimo Ruzzante,
nuovamente venuta in luce. *Venetia, Stephano
di Alessi*, 1551, pet. in-8, v.

450. Il Fedele, comedia del clariss. M. Luigi Pasqua-
ligo. *Venetia, Bolognino Zaltieri*, 1576, pet. in-8,
maroq. r. dent. tr. dor. (*Anc. rel. aux armes de
Foscarini.*)

451. Candelaio, comedia del Bruno Nolano Acade-
mico di nulla Academia, detto il Fastidito. *In
Parigi, G. Giuliano*, 1582, in-12, v. f. fil. (*Anc.
rel.*)

Petit volume fort rare, qui manque à presque toutes les collections des
ouvrages de Giordano Bruno.

452. Aminta, favola boschereccia di Torquato
Tasso. *Parigi, Nepveu (imprimerie de P. Didot*),
1813, in-18, pap. vél. n. rel.

Exemplaire, avec figures avant la lettre, préparé pour la reliure.

453. Shakespeare as put forth in 1623 : a reprint of
M. William Shakespeare's comedies, histories and
tragedies, published according to the two origi-
nall copies. *London, reprinted for Lionel Booth,*

1864, in-4, mar. brun, plats ornés, tr. dor. (*Bedford.*)

Exemplaire en papier fin.

454. OEuvres dramatiques de F. Schiller, traduites de l'allemand, précédées d'une notice biographique et littéraire (par M. de Barante). *Paris, Ladvocat,* 1820, 6 vol. in-8, portr. sur chine, demi-rel. non rog.

Exemplaire en grand papier vélin.

XVI. ROMANS, CONTEURS, ETC.

455. CY COMMENCE LE LIVRE DE MISSIRE GUIRON LE COURTOIS du boys verdoyant : et sera diuise en troys parties. La premiere sera au commencement du lignaige des bruns, et finira a la mort du roy polino de listenoys, etc. *A la fin :* Fin du premier libure de Guyron le courtois. Grand in-fol. goth. vél.

Manuscrit très-précieux, de la première moitié du xv⁰ siècle, sur 214 ff. de papier. On sait que le texte imprimé ne contient qu'un abrégé de ce texte original. Ce volume doit avoir été exécuté pour un membre *de la famille de Rohan,* dont les armes se trouvent dans la grande initiale du premier feuillet.

456. ROMAN DE MELIADUS. Du present volume sont contenus les nobles faictz darmes du vaillant roy Meliadus de Leonnoys. Ensemble plusieurs autres proesses de Cheualerie faictes tant par le roy Artus, Palamèdes, le Morhoult d'Irlande, le bon cheualier sans paour Galehault le Brun, etc. *On les vend a Paris, en la rue neufue nostre dame a lescu de France, par Denis Ianot,* 1532, in-fol. goth. à 2 col. mar. rouge, fil. tr. dor. (*Aux armes.*)

Très-bel exemplaire, presque non rogné.

457. L'Histoire du trespreux noble et vaillant Huon de Bordeaux, Pair de France et duc de Guyenne.

Histoires comprinses en deux liures, contenant
autant beaux et recreatifs discours et gestes memorables que l'on aye veu iusques à present. *A
Rouen, chez Lovys Costé, demeurant a la ruë
Escuyère, s. d.* pet. in-8, car. ronds, nombr.
grav. en bois, parch.

> Édition d'une grande rareté.

458. La Chronique de Turpin, archevesque de
Reims, faisant mention de la conqueste du tres
puissant empire de Trebizonde, faite par le trespreux Regnaut de Montauban, fils du duc Ay-
mont d'Ardaine, ou sont comprinses plusieurs
batailles. Plus la genealogie et trahyson de Gane-
lon de Mayence. *Lyon, Arnoullet,* 1583, pet. in-8,
parch. (*Légères mouillures.*)

> Volume rare : 264 pages, y compris le titre et 3 ff. de table.

459. L'Histoire du noble et vaillant chevalier
Pierre de Provence et de la belle Maguelonne,
fille du roy de Naples : où sont amplement dé-
clarées ses prouesses et leurs honnestes et chastes
amours. *A Lyon, pour Claude Chastellard,* 1638,
pet. in-8, mar. bleu, fil. tr. dor. (*Koehler.*)

460. La Vita di Merlino et le sue prophetie, historia de che lui fece lequale tractano de le cose
che hano auenire. *Venetia,* 1507, in-4, fig. sur
bois. vél.

> Édition rarissime (voir Melzi). Exempl. Blandford.

461. Gverrino, detto il Meschino, nel qual si tratta
una Historia breve di re Carlo imperatore, poi dil
nascimĕto di quello famosissimo caualiero detto
Guerrino, e de le grandi battaglie ch' egli fece
con Turchi e Saraceni..... Anchora narra delle
pene dil Purgatorio di Santo Patricio. *Vinegia,
Aug. de Bindoni,* 1553, pet. in-8, XII et 282 ff.
parch.

> Très-bel exemplaire. Petite cassure au titre.

462. Ein sehr schö || ne lustige vnnd auch || kläg-
liche Hystoria, von dem thew || ren vnnd mann-

lichen Ritter Thebal || do, wie in liebe gegen einer
schönen Frawen entzündet, solcher Lieb lang
Zeyt ein genügen || thet, vnd aber hernach von ir
ins el || lendt veriagt vnnd vertriben || ward.
Durch Montanum von Strass || burg inn Druck
geben. *Gedruckt zu Strassburg || in Knoblouchs
Druckerei, s. d. (vers* 1525), pet. in-8, fig. en
bois, 24 feuillets dont le dernier blanc, vél.

Petit roman de chevalerie, de la plus grande rareté. Bel exemplaire.

463. Ein schöne und kläg || liche Hystoria || Von
zweyen || jungen Gesellen, wie die Liebe zu zweyen
Jungfrawen trü || gen, die zweyen anderen ver-
heurat || wurden, derhalben sie die Hochzeyt vber
|| filen, ire neuwe Breut inn die Insel || Creta fürten
vnd nach etlicher || Zeyt mit ihne inn die
Insel || Rodt füren. || Newlich durch Mar || tinum
Montanum beschri || ben vnd in Druck geben. ||
*Gedruckt zu Strassburg || in Knoblouchs Druckerei,
s. d. (vers* 1525), pet. in-8, fig. en bois, 15 feuillets, vél.

Bel exempl. Ce petit roman n'est guère moins rare que le précédent.

464. Historia del muy noble y esforzado cavallero
el conde Partinuplés, emperador de Constanti-
nopla, compuesta por Gaspar Aldana. *Madrid,
imprenta de Antonio Sanz,* 1756, in-fol. cart. n.
rog.

465. Histoire du très-vaillant et redouté don Flores
de Grece, surnommé le chevalier des Cygnes.....
mise en françois par le seigneur des Essars Nicolas de Herberay. *Paris, Galiot du Pré,* 1573,
pet. in-8, mar. v.

466. Le Diable boiteux, par Le Sage, avec les En-
tretiens sérieux et comiques des cheminées de
Madrid et les Béquilles dudit diable. *Paris,
Prault,* 1737, 2 vol. in-12, fig. v. br.

Première édition complète, et la dernière publiée par Le Sage lui-
même.

467. Paul et Virginie, par J.-H. Bernardin de Saint-Pierre. *Paris, Curmer*, 1838, gr. in-8, fig., demi-rel. dos et coins de mar. rouge, non rog. tête dor.

468. Vida y hechos del Ingenioso cavallero Don Quixote de la Mancha, por D. Miguel de Cervantes. *Amberes, Verdussen*, 1697, 2 vol. petit in-8, 32 planches en taille-douce, v. br.

469. Don Quichotte de la Manche, traduit de l'espagnol de Michel de Cervantes, par Florian. *Paris, Didot l'aîné*, 1799, 3 vol. in-8, fig. demi-rel. maroq. rouge, non rog. tête dor. (*Capé.*)

Exempl. avec double suite des gravures (avec la lettre et eaux-fortes.)

470. Les Principales Aventures de Don Quichotte, représentées en figures (texte en hollandais). *La Haye, P. de Hondt*, 1746, in-4, fig. de B. Picart d'après Coypel, cart.

Belles épreuves.

471. Los Trabajos de Persiles y Sigismunda, historia septentrional, por Miguel de Cervantes Saavedra. *Brucelas, Huberto Antonio*, 1618, pet. in-8, parch.

Édition rare.

472. L'Argenide di Giov. Barclaio, tradotta da F. Pona. *Venetia, G. Salio*, 1629, in-4, maroq. olive à compart. en or, tr. dor. (*Riche reliure de l'époque.*)

Exemplaire de dédicace, aux armes de Domenico Molina, sénateur vénitien. (Un cerf accroupi, regardant le soleil, avec la devise : *Tibi soli.*)

473. L'Heptameron ou histoires des amans fortunez des Nouuelles de tres-illustre et tres-excellente princesse Marguerite de Valois, royne de Navarre ; remis en son vray ordre par Claude Gruget. *Paris, Michel de Roigny*, 1574, in-16, vél.

Exemplaire avec témoins.

474. Les Novvelles Recreations et joyeux devis de feu Bonaventure Desperiers. *A Paris, Galliot Dupré*, 1564, in-16, mar. rouge, fil. tr. dor. (*Anc. rel.*)

475. Il Decameron di Giovanni Boccaccio. *Firenze, Molini*, 1820, pet. in-12, portr. cuir de Russie, tr. dor. (*Thouvenin.*)

476. Philocholo, opera elegantissima de lo excellente poeta et oratore Joanne Boccacio. *Impresso in Milano*, 1520, in-4, car. r. à 2 col., parch.

M. Brunet ne cite pas cette édition, qui a 8 et 198 ff. Jolie bordure dessinée à la sépia au titre.

477. Proverbij di M. Antonio Cornazano in facetie, con tre prouerbi aggiunti, e due dialoghi noui in disputa. *Stampati nella città Vinegia, per Francesco Bindoni et Matheo Pasini*, 1525, pet. in-8, titre imprimé en rouge et noir, fig. en bois, vélin.

Très-rare. Le feuillet 37 est court de marge en haut.

478. Proverbii di messer Antonio Cornazano in facetie. *Parigi, P. Didot*, 1812, pet. in-8, mar. vert clair, fil. tr. dor. non rog.

Tiré à 100 exemplaires. Exemplaire sur papier vélin rose.

479. Le Piacevoli Notti di messer Giovan-Francesco Straparola da Caravaggio. *Vinegia, D. Giglio*, 1558, 2 tomes en 1 vol. pet. in-8, mar. bleu à compart. tr. dor. (*Belle reliure de Niedrée.*)

Cette édition contient les passages qui ont été supprimés dans la plupart des éditions postérieures.

480. Les OEuvres de M. François Rabelais, augmentées de la Vie de l'auteur et de quelques remarques sur sa vie et sur l'histoire, avec l'explication de tous les mots difficiles. *S. l. (Elzeviers, à la Sphère)*, 1666, pet. in-12, titre imprimé en rouge et noir, mar. bleu, fil. tr. dor.

Très-joli exemplaire. Hauteur : 131 millim.

481. Les Bigarrures et Touches du sieur Des Accords, avec les Apophthegmes du sieur Gaulard et les Escraignes dijonnoises. *Paris, Est. Maucroy*, 1662, 2 vol. en 1, in-12, fig. en bois, parch.

Bel exempl. de la meilleure édition.

482. Extraict de l'inventaire qui s'est trouué dans les coffres de mōsieu le Cheuallier de Guise par madamoiselle d'Autraige et mis en lumière par monsieur de Bassompierre, auec un brief Cattalogue de toutes les choses passées par plusieurs seigneurs et dames de la court. *S. l.* 1615, pet. in-8, 7 ff. br.

Exemplaire non rogné d'une facétie des plus piquantes.

483. L'Alcibiade fanciullo a scola. D. P. A. *Oranges, par Juan Wart,* 1652, pet. in-12, 124 pages et 2 ff. non chiffr. mar. olive, tr. dor. (*Anc. rel.*)

Facétie très-rare, surtout en ancienne reliure. Ce n'est pas l'Arétin qui est l'auteur de cet ouvrage libre, mais Ferrante Pallavicino, comme le marquis Girolamo d'Adda l'a prouvé.

484. Coloquio de || las Damas, || agora nueamēte corre || gido y emendado. || M.D.XL. || VIII. Pet. in-8, 95 ff. mar. vert, fil. tr. dor. |(*Belle reliure ancienne.*)

Édition rarissime, imprimée en caract. ronds (les noms en caract. goth.). C'est le troisième dialogue de l'Arétin, traduit par Fernan Xyarez. Notre bel exemplaire provient de la bibliothèque du président Lamoignon..

485. Dialogos de apacible reteniemento, que contiene unas Carnestolendas de Castilla ; diuidido en las tres noches, del Domingo, Lunes y Martes de Antruexo ; compuesto por Gaspar Lucas Hidalgo. *En Brusselas, por Roger Velpio,* 1610, 11 et 135 ff. plus 1 feuillet pour le privilége, petit in-12, vél.

Bel exemplaire d'un volume amusant composé en vers et en prose. L'édition est très-rare.

XVII. MÉLANGES, POLYGRAPHES, DIVERS.

486. Vetera Analecta, sive collectio veterum aliquot operum et opusculorum omnis generis, carminum , epistolarum, diplomatum , epitaphiorum, etc., cum itinere germanico, adnotationibus et aliquot disquisitionibus , etc. *Parisiis , Montalant,* 1723, in-fol. veau fauve.

Exemplaire en grand papier, portant sur les plats les armes du comte d'Hoym, et sur le dos son aigle.

487. Collection de petits classiques françois, publ. par Ch. Nodier. *Paris, Delangle (impr. de Jules Didot),* 1825-26, 7 vol. in-16, pap. vél. veau à compart. à froid, tr. dor. (*Vogel.*)

La reliure de chaque volume est différente et pour le veau et pour le dessin.
Il manque à cette collection, pour être complète, les Fables de Fénelon.

488. Les OEuvres de Nicolas Boileau-Despréaux , avec des éclaircissements historiques donnez par lui-même, nouvelle édition, enrichie de figures gravées par Bernhard Picart le Romain. *La Haye, Gosse et Neaulme,* 1729, in-fol. v.

489. OEuvres de M. l'abbé de Saint-Réal, enrichies de figures en taille-douce et de vignettes. *Amsterdam, F. l'Honoré,* 1740, 4 vol. in-12, mar. r. fil. tr. dor. (*Belle reliure ancienne.*)

490. OEuvres diverses de M. L. de Chaulieu. *Amsterdam, J. Chatelain,* 1733, 2 vol. in-8, mar. cit. fil. tr. dor. (*Anc. rel.*)

491. Théâtre complet de M. Mercier, avec de très-belles figures en taille-douce. *Amsterdam , B. Vlam,* 1778, 4 vol. in-8. br.

Exemplaire en grand papier, absolument neuf.

492. OEuvres de J. Delille, avec des notes de MM. Parseval-Grandmaison, de Féletz, de Choiseul-Gouffier, Aimé-Martin, Descuret, etc. *Paris,*

Lefèvre, 1833, gr. in-8 à 2 col. portr. demi-rel. veau fauve.

493. OEuvres choisies de Lebrun, précédées d'une notice sur sa vie et ses ouvrages. *Paris,* 183o, in-8, portr. demi-rel.

494. OEuvres de Gessner. *Paris, Dufart, s. d.* 2 vol. in-8, fig. de Monnet, papier vergé fin, demi-rel.

495. Opere di monsignore Claudio Todeschi. *Roma,* 1779, 3 vol. in-4, maroq. rouge, large dent. tr. dor.

Exemplaire de dédicace, aux armes d'un cardinal.

496. La Fortune marastre de plusieurs princes et grands seigneurs de toutes nations, par J.-B. de Rocoles. *Leide,* 1684, pet. in-12, fig. mar. r. fil. tr. dor. (*Bozérian.*)

497. Cento Giuochi liberali et d'ingegno, nouellamente da M. Innocentio Ringhieri gentilhuomo Bolognese ritrovati, et in dieci libri descritti. *In Bologna, per Ans. Giacarelli,* 1551, in-4, vél.

498. Amitiez, Amours et Amourettes de M. Le Pays. *Lyon, J. B. de Ville,* 1671, in-12, frontisp., mar. bl. tr. dor. (*Hardy-Mennil.*)

499. Lettres de Madame la marquise de Pompadour. *Londres,* 1762, 4 tomes 2 vol. pet. in-8, demi-rel. dos de toile.

500. Bibliothèque des petits-maîtres, ou Mémoires pour servir à l'histoire du bon ton et de l'extrêmement bonne compagnie. *Au Palais-Royal, chez la petite Lolo,* 1762, in-12, cart.

501. Code moral, ou Choix de sentences et de proverbes, par M. Boinvilliers. *Paris,* 1825, in-12, dems-rel.

Exemplaire de Duplessis, avec deux cahiers manuscrits et imprimés.

502. Letters of Junius. *London,* 1820, pet. in-12, maroq. v. fil. tr. dor.

503. Encyclopédie moderne, ou Dictionnaire abrégé des sciences, des lettres et des arts, par Courtin. *Paris*, 1829-32, 24 vol. de texte et 2 vol. de planches, in-8, demi-rel. non rog.

XVIII. GÉOGRAPHIE. VOYAGES. LIVRES CONCERNANT L'AMÉRIQUE.

504. Pomponii Melæ de situ orbis libri III, cum notis variorum, ed. Abr. Gronovius. *Lugduni Batavor., S. Luchtmans,* 1718, in-8, vél. cordé. (*Aux armes.*)

505. Nouveau Théâtre du monde, contenant les Estats, empires, royaumes et principautez... par le sieur D. T. V. Y. (Davity). *Paris*, 1661, 2 vol. in-fol. v. br.

Les pages 1291 et suivantes du deuxième volume contiennent la description de l'Amérique.

506. Les Religions du monde, ou Démonstration de toutes les hérésies de l'Asie, Afrique, Amérique et de l'Europe, par A. Ross, et trad. par Th. La Grue. *Amsterdam, Wolfgang,* 1688, 3 vol. in-12, fig. vél.

507. Joanne de Mandauilla, tractato de le più maraugliose cose e più notabile che si trouino in le parte del mondo reducte e colte sotto breuità in lo presente compendio dal strenuissimo caualier a speron d'oro Johanne de Mandauilla anglico. *Impreso Venetia per mi Nicolo de li Ferari de Pralormo Piemontese,* 1491, in-4 goth. à 2 col. mar. rouge, tr. dor. (*Trautz-Bauzonnet*)

Bel exemplaire d'une édition fort rare.

508. Die heyligen Reyssen gen Jherusalem zu dem heiligen Grab, und furbasz zu der hochgelobten

Jungfrawen und Merrteryn sant Katheryn. *Durch Erhart Rewick von Uttricht ynn der Statt Meyntz gedruckt.* 1486, in-fol. goth. fig. en bois, vél.

L'exemplaire, bien conservé, a quelques notules manuscrites. Les grandes planches pliées et le frontispice gravé se trouvent en bon état dans le volume.

Ce voyage en *Terre sainte*, dont la rédaction est de *Bernard von Breydenbach* et le dessin des figures du peintre *Erhart Rewick*, a été imprimé avec les caractères de Pierre Schoyffer.

509. Coleccion de los viages y descubrimientos que hicieron por mar los Españoles desde fines del siglo xv, con varios documentos inéditos concernientes á la historia de la marina castellana y de los establecimientos españoles en Indias, por D. M. F. de Navarrete. *Madrid, Imprenta real*, 1825-37, 5 vol. pet. in-4, cartes, demi-rel. veau f. non rog.

Importante collection, devenue rare.

510. Voyage autour du monde, entrepris par ordre du gouvernement sur la corvette *la Coquille,* par P. Lesson. *Paris*, 1838, 2 vol. gr. in-8, fig. noires et coloriées, demi-rel. non rog.

511. Voyage en Orient (1832-33), par A. de Lamartine. *Paris*, 1841, 2 vol. in-18, demi-rel. mar. v.

512. Histoire des découvertes et conquestes des Portugais dans le Nouveau-Monde, par J.-F. Lafiteau. *Paris*, 1733, 3 vol. in-4, fig. et cartes, bas.

513. Histoire des drogues, espiceries et de certains medicamens simples, qui naissent ès Indes et en Amérique (par Garcia ab Horto)... Le tout trad. par Antoine Colin, maistre apothicaire juré de la ville de Lyon. *Lyon, Pillehotte*, 1619, 4 part. en 1 vol. pet. in-8, nombreuses gravures sur bois, bas. marbr.

514. Esame critico del primo viaggio di Amerigo Vespucci al nuovo mondo, letto nell' Academia imp. delle Scienze, Letteratura e Belle Arti di

Torino li 6 diciembre 1810. (*Torino, 1811*), gr. in-4, demi-rel. non rogn.

L'auteur est G. Galeani Napione.

515. La Historia del Mondo nuovo di M. Girolamo Benzoni. *Venetia, F. Rampazetto*, 1565, pet. in-8, fig. sur bois, demi-rel.

Edition originale.

516. L'Histoire du Nouveau Monde, ou Description des Indes occidentales, par J. de Laet. *Leyde, B. et A. Elzeviers*, 1640, in-fol. cartes et fig. v.

517. Jo. de Laet, Notæ ad dissert. H. Grotii de origine gentium americanarum. *Amstelodami, apud Lud. Elzevirium*, 1643, pet. in-8, parch.

518. The American Gazetteer, exhibiting a full account of the civil Divisions, Rivers, Harbors, Indian Tribes, etc., of the American Continent, also of the West-India and other appendant Islands, with a particular description of Louisiana, by Jedidiah Morse. *Boston*, 1810, in-8, cartes, bas.

519. Cronica del gran regno del Perù, con la descrittione di tutte le provincie, costumi e riti, parte prima scritta da P. de Cieça, tradotta per Agost. de Craualiz. *Venetia, F. Franceschini*, 1576, pet. in-8, cart.

Exemplaire non rogné, mais taché.

520. La Reprise de la Floride, publiée avec les variantes sur les manuscrits de la Bibl. imp. et précédée d'une préface par P. Tamizey de Larroque. *Bordeaux*, 1867, in-8, pap. vergé, broch.

521. The History of Louisiana, particularly of the session of that colony to the United States of America, by Barbé Marbois, translated from the french by an american citizen. *Philadelphia, Carey and Lea*, 1830, gr. in-8, cart. non rogn.

522. Histoire du Paraguay, par P. F. X. de Charlevoix. *Paris, Didot*, 1757, 6 vol. in-12, cartes, veau.

523. Relation de ce qui s'est passé de plus remarquable aux missions des Pères de la Compagnie
de Jésus de la Nouvelle-France les années 1672 et
1673, par le R. P. Dablon. *A la Nouvelle-York, J.
M. Shea*, 1861, gr. in-8, cart. en toile, non rogn.

524. Relation de ce qui s'est passé de plus remarquable aux missions des Pères de la Compagnie
de Jésus en la Nouvelle-France les années 1673
à 1679, par le R. P. Claude Dablon. *A la Nouvelle-
York, de la presse Cramoisy de J. M. Shea*, 1860,
in-8, carte, rel. en toile.

Tiré à 100 exemplaires ; épuisé.

525. Suite de la vie du R. P. Pierre-Joseph-Marie
Chaumonot, de la Compagnie de Jésus, par un
Père de la même Compagnie. *Nouvelle-York, Shea*,
1858, in-8, cart. en toile, non rogn.

526. Relation de la mission du Mississipi du sémi-
naire de Québec en 1700, par MM. de Montigny,
de St-Cosme et Thaumur de La Source. *Nouvelle-
York, Shea*, 1861, in-8, cart. en toile.

527. Ce qui s'est passé en la solennité de la feste de
la canonisation de sainte Rose, dans les églises du
grand couvent des Jacobins et de ceux de la rue
St-Honoré. *Paris*, 1671, 6 ff. in-4, cart. (*Numéro
du Mercure français.*)

528. Mémoires, vie et aventures de Tsonnouthouan,
roi d'une nation indienne appelée les *Tétes-Ron-
des*, et trad. librement de l'anglois. *Aux Verrières-
Suisses*, 1737, 2 tomes en 1 vol. in-8, demi-rel.
n. rogn.

529. Procès-verbaux des séances de la commission
de colonisation de la Guyane. *Paris, Imprimerie
roy.*, 1842, in-4, maroq. rouge à riches compart.
tr. dor. (*Au chiffre du duc d'Orléans.*)

530. Jac. Cornuti Canadensium plantarum aliqua-
rumque nondum editarum historia. *Parisiis, P. Le*

Moyne, 1635, in-4, nombreuses planches, veau. (*Mouillures.*)

531. The Book of common prayer and administration of the sacraments, and other rites and ceremonies of the church of England, translated in to the Mohawk language, by W. Andrews; a new edition to which is added the Gospel according to S. Mark, translated into the Mohawk language by Capt. Jos. Brant, an Indian of the Mohawk nation. *London, Buckton*, 1787, in-8, bas.

532. A Collection of psalms and hymns, translated into the language of the York Indians, of the Diocese of Rupert's Land North-West-America, by the Rev. W. Mason. *London*, 1860, in-18, v. br. gr.

Ce volume est imprimé en caractères qui ont beaucoup de ressemblance avec ceux employés pour la sténographie.

XIX. HISTOIRE ANCIENNE. MÉLANGES.

533. Titi Livii historiarum libri, ex recensione Heinsiana. *Lugd. Batavorum, ex officina Elzeviriana*, 1634, 3 vol. pet. in-12, maroq. rouge à riches compartiments, tr. dor.

Belle reliure de l'époque, portant dans un écusson sur les plats le nom d'*Antonius de Vernon*.

534. Titi Livii historiarum quod exstat, ex recensione J. F. Gronovii. *Amstelodami, D. Elzevirius*, 1678, in-12 à 2 col. frontisp. gr. vél.

Exemplaire grand de marges : 144 millim. de hauteur.

535. L. Annæus Florus, Cl. Salmasius addidit L. Ampelium. *Lugd. Batav., apud Elzevirios*, 1638, pet. in-12, frontisp. gr. n. rel.

Exemplaire grand de marges, préparé pour la reliure.

536. Abrégé de l'histoire romaine, par Eutrope, avec des notes critiques, historiques et chronologiques par l'abbé Lezeau. *Paris, Barbou,* 1707, in-8, mar. r. fil. tr. dor.

537. Catrou et Rouillié. Histoire romaine depuis la fondation de Rome jusqu'à l'année 702 (Fin de la République). Avec des notes historiques, géographiques et critiques, des gravures en taille-douce, des cartes géographiques, etc. *Paris,* 1725-1748, 16 vol. in-4, maroq. rouge, fil. tr. dor. (*Anc. reliure.*)

Exemplaire en grand papier, aux armes de la famille d'Orléans.

538. Le Grand Dictionnaire historique, par L. Moréri, nouvelle édition, augmentée par Drouet. *Paris,* 1759, 10 vol. in-fol. demi-bas, non rogné. (*Rel. holland.*)

Très-rare en pareil état. Cette édition, la dernière du célèbre Dictionnaire, est très-recherchée à cause des articles concernant la noblesse et surtout la généalogie.

539. Alcuni singolari Tractati di frate Ugo Panziera. *Firenze, per Antonio Miscomini, a di IX di giugno,* 1492, in-4, demi-rel.

Volume des plus rares et manquant à presque toutes les collections de *Testi di Lingua* en Italie. Le présent exemplaire provient de la vente Wellesley (n° 4077 du catalogue), où il a atteint le chiffre de 9 liv. sterl. 5 sh. (232 fr.).

Ce livre est un des ouvrages les plus singuliers ; il fut écrit l'année 1312, dans le plus pur langage italien, par le frère Panziera, qui était, à cette époque, missionnaire en Tartarie.

XX. HISTOIRE DE FRANCE.

540. Les Illustrations de Gaule et singularitez de Troye, auec lepistre du Roy Hector de Troye, le traictie de la difference des scismes et des concilles, la vraye hystoire et non fabuleuse du Prince Syach-Ysmail dict Sophy, etc., par Jehan Lemaire

de Belges. *Lyon, J. Mareschal,* 1524, 4 part. en
1 vol. in-fol. goth. à 2 col. fig. sur bois, mar. br.
fers à froid, tr. dor. (*Capé.*)

Charmante reliure à petits fers.

541. Le Premier (second et tiers) volume de Enguer-
ran de Monstrellet. Ensuyvant Froissart, des cro-
niques de France, Dangleterre, Descoce, Despai-
gne, de Bretaigne, de Gascogne, de Flandres et
lieux circonvoisins. Avecques plusieurs autres
nouuelles choses.... *Imprime a Paris Lan de grace
mil cinq cens et XVIII* (1518), *pour Francoys Re-
gnault,* 3 vol. goth. à 2 col. vél.

Très-bel exemplaire, presque non rogné.

542. Mézeray. Abrégé chronologique de l'histoire
de France. *Amsterdam, Wolfgang,* 1674, 6 vol.
in-12, portraits, vél. blanc.

Exemplaire avec témoins, d'une hauteur de 155 millimètres. Quelques
mouillures. — On a ajouté l'*Avant-Clovis* de 1688, rel. en v. et d'une hauteur de 151 millim.

543. Histoire du chevalier Bayard et de plusieurs
choses mémorables advenuës sous le règne de
Charles VIII, Louis XII et François Ier, avec son
supplément par Claude d'Expilly et les annotations
de Th. Godefroy et L. Videl. *Grenoble, J. Nicolas,*
1650, pet. in-8, bas. (*Aux armes de Hohenzollern*).

544. Recueil de soixante planches (montées) gravées
en taille-douce, par Hoghenberg, et représentant
les troubles et guerres de religion de France, de
1557 à 1595, 1 vol. in-fol. obl. cart.

Ces gravures sont en partie copiées sur celles de Tortorel et Périssin, généralement connues sous la dénomination de *Premier volume.*

On y trouve les planches du supplice d'Anne du Bourg, des massacres
d'Amboise, Cahors, Vassy, du colloque de Poissy, les siéges de Rouen,
Dieppe, Saint-Quentin, la mort de Henri II, le tournoi de la place
Royale, etc.

545. Desclaration de tresillustres princes et seigneurs
les Duc d'Alençon et Roy de Navarre, portant tes-
moignage de leur droicte intention et bonne vo-
lonté envers la Majesté du Roy, avec resolution de

s'opposer et courre sus à ceulx qui lui seront re-
belles. *Paris, F. Morel*, 1584, 4 ff. pet. in-8, br.

Exemplaire non rogné ni coupé.

546. Traicté sur la declaration du Roy pour les
droits de prerogative de Mōseigneur le cardinal de
Bourbon. *Paris*, 1588, pet. in-8, vél.

Exemplaire rempli de témoins, avec les signat. du chancelier d'Agues-
seau et de Fravart.

547. Histoire du roy Henri le Grand, composée par
Hardouin de Péréfixe. *Amsterdam, Dan. Elzevier*,
1664, pet. in-12, frontisp. gr. veau. (*Aux armes.*)

Bel exemplaire, d'une hauteur de plus de 131 millimètres.

548. Histoire du roy Henry le Grand, composée par
mess. Hardouin de Péréfixe. *Amsterdam, D. Elzevier*, 1679, pet, in-12, frontisp. gr. v.

Hauteur : 132 millimètres.

549. Les Négociations de M. le président Jeannin.
Paris, Pierre le Petit, 1656, in-fol. veau fauve,
fil. (*Aux armes et au chiffre de Molé.*)

L'épreuve du portrait de Jeannin, gravé par Nanteuil, est très-belle.

550. Orazione di D. Crisostomo Talenti, monaco di
Valombrosa, nella morte d'Arrigo quarto. *Bergamo*, 1610. — Canzone di D. C. Talenti nelle
felicissime nozze della Maestà Chr. di Francia e
di Navarra, Arrigo IIII, et Maria Medici. *Fiorenza,
C. Giunti*, 1600, 1 vol. pet. in-4, cart.

551. Histoire du règne de Louis XIII, roy de
France, et des principaux événements arrivés pendant ce règne. *Paris, Montalant*, 1716, 5 vol.
in-12, mar. rouge, fil. tr. dor.

Exemplaire aux armes et au chiffre de Louis XV.

552. Recueil de 88 Mazarinades en prose. In-4, vél.
(*Aux armes, remboîtage habilement exécuté.*)

Toutes ces pièces sont parfaitement conservées.

553. Lettres de messire Roger de Rabutin, comte
de Bussy ; nouvelle édition, où l'on a inséré les

nouvelles lettres, et rangé toutes les lettres selon l'ordre chronologique. *Amsterdam, Chastellain*, 1738, 6 vol. in-12, portr. mar. rouge, fil. tr. dor. (*Anc. rel.*)

554. Reflections on the Revolution in France, by E. Burke. *London, Sharpe*, 1820 ; 2 part. en 1 vol. in-18, portr. veau vert. fil. tr. dor.

555. Description de la ville de Paris au xve siècle, par Guillebert de Metz, publiée pour la première fois d'après le manuscrit unique, par M. Le Roux de Lincy. *Paris, Aubry*, 1855, in-18, demi-rel. mar. r. non rog. tête dor.

556. Le Théâtre de la ville de Paris, dans ses différents âges et son agrandissement jusqu'à présent, en huit plans, publiés par MM. de La Mare et de Fer. *A Amsterdam et Leipzig, chez Arkstee et Merkus*, 1755, 7 grandes planches doubles, gr. in-fol. demi-rel. cuir de Russie.

Copies gravées en Hollande. Sur le titre se trouve une gravure emblématique où Paris est représenté comme capitale du monde. Nous n'avons jamais vu un autre exemplaire de cette édition.

557. Vues de Paris (et de ses environs). J. Rigaud inven. et sculps. 36 planches en belles épreuves anciennes. — Veues et perspectives de Paris. A. D. Perelle inven. et sculps. Gr. in-fol. oblong, cart.

558. London und Paris, eine Zeitschrift (Londres et Paris, revue). — Paris, Wien und London. — Paris und Wien. *Weimar, Halle et Rudolstadt*, 1798-1812, 28 tomes en 26 vol. in-8, cart.

Recueil des plus curieux, rempli de grandes caricatures coloriées. On y remarque des planches gravées par ou d'après Gillray, des caricatures sur les acteurs et actrices de Paris, etc. Cette revue est de la plus grande rareté.

559. Histoire générale de Provence, dédiée aux états, par Papon. *Paris, Moutard*, 1777-1786, 4 vol. in-4, cart.

560. Histoire du Beaujolais et des sires de Beaujeu, suivie de l'armorial de la province. *Impri-*

merie de L. Perrin, à Lyon, 1853, 2 vol. très-grand in-8, fig. noires et color. 400 blasons, broch.

Tiré à petit nombre et épuisé.

* * *

XXI. HISTOIRE DES PAYS ÉTRANGERS.

561. Apologismorum Mediolanensium volumen primum, continens duas dissertationes. I. De origine apostolica Ecclesiæ Mediolanensis a S. Barnaba apostolo deducta. II. De Anathemate S. Ambrosii contra Gallos, auctore N. Sormano. *Mediolani,* 1740, in-4, maroq. rouge à compart. tr. dor.

Exemplaire de dédicace, aux armes de Cajetan de Stampa, archevêque de Milan.

562. Historia della sacra religione militare di S. Giovanni Gerosolimitano detta di Malta, del S. commend. Fr. Bortolomeo Co. dal Pozzo. *Verona,* 1703, in-4, veau fauve. (*Aux armes du comte de Bunau.*)

563. Galeatii Capellæ de rebus nuper in Italia gestis libri octo. *Antverpiæ,* 1533, pet. in-8, v. ant. Notes mss.

La jolie reliure ancienne porte l'inscription en lettres d'or : *Galeatius Capella,* 1553. — *Joannes a Manderscheydt et Blanckenheim. In labore virtus.*

564. Nobiliario delle famiglie anobilate del regno Lombardo-Veneto. In-8, mar. rouge à compart. en or et argent, tr. dor. ciselée.

Manuscrit sur papier, du commencement du siècle passé, dans une belle reliure exécutée pour *Joannes Franciscus Piscitellus.*

565. Généalogie de la très-illustre, très-ancienne et autrefois souveraine Maison de La Tour, par M. Flacchio. *Bruxelles, Claudinot,* 1709, 4 vol.

gr. in-fol. nombreuses planches, portraits et blasons, broch.

Exemplaire en grand papier, absolument neuf.

566. L. Marinei Siculi opus de rebus Hispaniæ memorabilibus. *Compluti, per M. de Eguia,* 1533, in-fol. vél.

Cet ouvrage renferme des notices sur la découverte de l'Amérique. (Voy. *Bibliotheca Americana vetustissima.*)
C'est aussi ici qu'on trouve le plus ancien vocabulaire basque, f. xxi : *De veterum Hispanorum lingua.*

567. Histoire de l'avénement de la Maison de Bourbon au trône d'Espagne, par M. Targe. *Paris, Saillant et Nyon,* 1772, 3 vol. in-12, mar. r. fil. tr. dor. (*Anc. rel.*)

568. De rebus Emmanuelis, regis Lusitaniæ, libri XII, auct. H. Osorio. *Olyssipone, per A. Gondisalui typogr.,* 1571, in-fol. v.

On trouve dans ce volume rare des notions sur le Brésil, sur Cabral, sur Magellan, etc.

569. Caroli Carafa commentaria de Germania restituta sub summis P.P. Gregorio XV et Urbano VII. *Coloniæ, C. ab Egmond,* 1639, pet. in-8, veau fauve.

Bel exemplaire aux armes de J.-A. de Thou.

570. Julii Cæs. Bulengeri Lodunensis de imperatore et imperio romano libri XII. De officiis regni Galliæ, etc. *Lugduni, hæredes Guil. Rouillii,* 1618, mar. brun, tr. dor. (*Anc. rel. aux armes de Lorraine, et parsemée de fleurs de lis et de croix de Lorraine.*)

571. Jo. Dubravii Olomuzensis episcopi Historia Bohemica, a Thoma Jordano novis genealogiarum, episcoporum, regum, ducum catalogis, quin etiam annotationibus ornata. *Basileæ, apud Petrum Pernam,* 1575, in-fol. mar. rouge, fil. tr. dor. (*Aux armes et à la devise du cardinal de Bourbon.*)

Les livres aux armes du CARDINAL DE BOURBON sont très-rares.

572. Histoire de Georges Castriot surnommé Scanderbeg, roy d'Albanie, contenant ses illustres faicts d'armes et memorables victoires à l'encontre des Turcs, pour la foy de Iesus Christ ; le tout en douze liures, par Jaques de Lavardin, seigneur du Plessis-Bourrot. *A La Rochelle, chez Hierosme Haultin*, 1593, pet. in-8, portr. parch.

VI ff. prél., 462 chiffr., plus 17 ff. de table et un feuillet blanc. Vol. rare, non cité par M. Brunet, qui mentionne dans son *Manuel* plusieurs volumes insignifiants ayant rapport à Scanderbeg.

573. Relation de l'Islande (par La Peyrère). *Paris, Th. Jolly*, 1663, pet. in-8, carte, vél.

574. Nouvelle Histoire d'Abissinie ou d'Ethiopie, tirée de l'histoire latine de M. Ludolf. *Paris, veuve A. Cellier*, 1684, in-12, fig. et carte, veau f. fil. (*Anc. rel.*)

Exemplaire de J.-J. De Bure.

XXII. MÉDAILLES, ARCHÉOLOGIE, ETC.

575. Médailler monétaire, à S. Exc. le duc de Gaëte, ministre des finances. 1813, in-fol. mar. rouge, dent. doublé de tabis, tr. dor.

Très-beau manuscrit en rouge et noir, avec une trentaine de titres en noir, argent et couleurs. C'est un catalogue détaillé de toutes les monnaies et médailles de tous les pays, conservées à la Monnaie de Paris en 1813.

576. Ex libris XXIII commentariorum in vetera Romanorum numismata Æneæ Vici liber primus. *Venetiis, Aldus*, 1562, in-4, 10 planches, vélin, à compart. (*Première rel.*)

Bel exemplaire, complet. (*Voy.* Renouard, *Annales*, p. 181, n° 17.)

577. Della Moneta antica di Genova libri IV, di Gio. Christoforo Gandolfo. *Genova, typografia Ferrando*, 1841, 2 vol. in-8, fig. br.

578. Figures des monnoyes de France (par J.-B. Haultin). *S. l. (Paris)*, 1619, in-4. vél.

Très-bel exemplaire de ce volume très-rare, vendu 450 fr. Méon et 506 fr. Cailhava.

L'exemplaire est conforme à la description que M. Brunet en donne, à cette exception près que le f. xc n'est pas chiffré xiii.

579. Traité historique des monnoyes de France, avec leurs figures, depuis le commencement de la monarchie jusqu'à présent, par Fr. Le Blanc. — Dissertation sur quelques monnaies de Charlemagne, de Louis le Débonnaire, etc., frappées dans Rome. *Amsterdam*, 1692, 2 part. 1 vol. in-4, fig. vél.

580. Histoire du roy Lovis le Grand, par les médailles, emblèmes, devises, jettons, inscriptions, armoiries, etc., par le P. C.-F. Menestrier. *Paris, Nolin, graveur du Roy*, 1691, in-fol. fig. bas. *(Quelques planches doublées.)*

581. Histoire métallique de la république de Hollande. *Paris, Horthemels*, 1687, in-fol. fig. v.

Les bas des pages sont ornés de nombreuses et jolies vignettes, mascarons, etc., grav. en taille-douce.

582. Le Antiche Lucerne sepolcrali figurate, raccolte dalle cave sotterranee e grotte di Roma, disegnate ed intagliate da P. Santi Bartoli; con l'osservationi di G. P. Bellori. *Roma, Buagni*, 1691, 3 part. en 1 vol. in-fol. 116 planches, vél. cordé.

583. Peintures antiques inédites, précédées de recherches sur l'emploi de la peinture dans la décoration des édifices sacrés et publics chez les Grecs et les Romains, par Raoul-Rochette. *Paris, Impr. roy.*, 1836, in-4, 15 pl. color. cart. non rog.

584. Le Temple des muses, orné de LX tableaux, où sont représentés les événements les plus remarquables de l'antiquité fabuleuse, dessinés et gravés par B. Picart le Romain. *Amsterdam, Chatelain*, 1749, in-fol. v. tr. dor.

585. Villa Burghesia, vulgo Pinciana, poetice des-
cripta ab Andrea Brigentino. *Romæ, apud Fr.
Gonzagam,* 1716, in-8, 26 planches, v.

Volume rare. Bel exempl. de la bibliothèque De Bure.

586. J. Phil. Tomasini de tesseris hospitalitiis liber singularis. *Amstelodami, A. Frisius,* 1670,
pet. in-12, fig. vél. à comp.

Belle reliure, aux armes de la ville de Middelbourg.

587. Antiquités nationales, par Millin. *Paris,* 1790-
98, 4 vol. in-4, fig. demi-rel.

Paris, 2 vol. Provinces, 2 vol.

XXIII. BIOGRAPHIE, BIBLIOGRAPHIE, ETC.

588. Valerii Maximi dictorum factorumque memo-
rabilium libri IX. *Amstelodami,* 1625, in-18,
mar. r. fil. et comp. tr. dor. (*Belle reliure ancienne.*)

589. Incipit prologus beati Hieronymi presbyteri in
librum de Viris illustribus. *S. l. n. a. (Augustæ,
Ginth. Zainer, circa* 1470), in-fol. goth. demi-
rel.

Ce volume accompagne en général la *première édition* de l'*Imitation.*
(*Voy.* Brunet, III, 164.)

590. Fratris Jacobi Philippi Bergomensis Opus de
claris selectisque mulieribus. *Ferrarie impressum, opera mag. Laurentii de Rubeis de Valentia,*
1497, in-fol. goth. rel. en bois (*Piqué, et manque le
titre gravé.*)

Volume orné de belles gravures en bois.

591. Le Parnasse françois, dédié au Roi, par M. Titon du Tillet. *Paris, Coignard,* 1732, in-fol. fig.
v. fil. (*Aux armes de Titon de Villotran.*)

Exemplaire en grand papier, mais sans les suppléments; il a été payé
130 francs à la vente de Van der Helle.

592. Les Mausolées françois, recueil des tombeaux
les plus remarquables des cimetières de Paris,
par F.-G.-T. de Jolimont. *Paris, Didot,* 1821, gr.
in-4, fig. demi-rel.

593. Le Vite delle più celebri et antichi primi poeti
provenzali che fiorirono nel tempo delli Re di Napoli et Conti di Prouenza, liquali hanno inse-
gnato a tutti il poetar vulgare, in lingua francese
da Gio. di Nostra Dama poste : e hora... da Gio.
Giudici tradotte e date in luce. *Lione, A. Marsilii,*
1575, pet. in-8, demi-rel. vél.

Bel exemplaire d'un volume rare.

594. Illustrium Germaniæ virorum Vitæ aliquot sin-
gulares, ex optimis probatissimisque authoribus
erutæ atque congestæ per Hier. Zieglerum. *Ingolsta-
dii, Weissenhorn,* 1562, in-4, fig. sur bois, veau, br.
fil. (*Anc. rel. aux armes.*)

595. Traité de la typographie, par Henri Fournier.
Paris, Fournier, 1825, in-8, veau ant.

596. A History of the art of printing from its invention to its wide-spread development in the
middle of the 16th century : preceded by a
short account of the origine of the alphabet,
by H. Noël Humphreys, with 100 illustrations produced in photo-lithography. *London,*
1868, in-fol. rel. en toile, comp. en noir et or,
non rog.

**Beau livre qui donne les *caractères d'un grand nombre des premiers
imprimeurs.* Une partie des *fac-simile* sont en or et couleurs.**

597. Marques typographiques, par Silvestre. *Paris,*
1853-66, livraisons 1 à 15, in-8, fig. br.

598. Imprimeurs imaginaires et libraires supposés,
étude bibliographique, suivie de recherches sur
quelques ouvrages imprimés avec des indications
fictives de lieux ou avec des dates singulières, par
Gustave Brunet. *Paris,* 1866, in-8, br.

Exemplaire en papier de Hollande.

599. Histoire de la bibliothèque Mazarine depuis sa fondation jusqu'à nos jours, par A. Franklin. *Paris, Aubry,* 1860, pet. in-8, mar. r. fil. tr. dor. (*Capé.*)

Un des 28 exemplaires sur papier vergé.

600. De la Bibliomanie (par Bollioud-Mermet). *La Haye,* 1761, in-8, veau marbr.

Exempl. Viollet-le-Duc, d'un volume très-rare.

601. Mélanges tirés d'une petite bibliothèque, ou Variétés littéraires et philosophiques, par Ch. Nodier. *Paris, Crapelet,* 1827, in-8, demi-rel. non rog. tête dor.

602. Variétés bibliographiques et littéraires, par A. de Reume. *Bruxelles,* 1849, in-8, fig. broch.

Tiré à 100 exemplaires.

603. Geofroy Tory, peintre et graveur, premier imprimeur royal, réformateur de l'orthographe et de la typographie sous François 1er, par A. Bernard. *Paris,* 1857, in-8, fig. demi-rel. dos et coins de mar. r. non rog. tête dor. (*Capé.*)

Exempl. sur papier fort.

604. La Satire en France au moyen âge, par C. Lemient. *Paris, Hachette,* 1859, in-12, demi-rel. veau f.

On a ajouté une table manuscrite.

605. Ruelles, salons et cabarets : histoire anecdotique de la littérature française, par Emile Colombey. *Paris,* 1858, in-12, demi-rel.

606. Cazin, sa vie et ses éditions, par un cazinophile (Brissart-Binet). *Cazinopolis (Reims),* 1863, in-18, pap. vergé, demi-rel. dos et coins de mar. r. non rog. tête dor. (*Capé.*)

607. Catalogue des livres de la bibliothèque de feu M. le duc de la Vallière. *Paris,* 1783, 3 vol. in-8, fig. et fac-sim. (*Prix.*) — Catalogue de la seconde partie, par L. Nyon. *Paris,* 1788, 6 vol.

— En tout 9 vol. in-8, mar. rouge, fil. tr. dor.
(*Derome.*)

Très-bel exemplaire, peut-être unique en pareil état. Il est dans une
charmante et fraîche reliure, et il provient de la bibliothèque de M. Le
Roux de Lincy.

608. Catalogue des livres rares et précieux, manuscrits et imprimés, de la bibliothèque de feu
M. J.-J. De Bure. *Paris, Potier,* 1853, in-8, prix
imprimés, demi-rel. mar. non rog. tête dor.

Dans le même volume, le catalogue des autographes. Exemplaires en
papier de Hollande.

TABLE DES DIVISIONS.

FIN.

LES
SONGES DROLA-
TIQVES DE PANTAGRVEL,

ou font contenues plufieurs figures
de l'inuention de maiftre François Rabelais: & dernie-
re œuure d'iceluy,
pour la recreation
des bons
efprits.

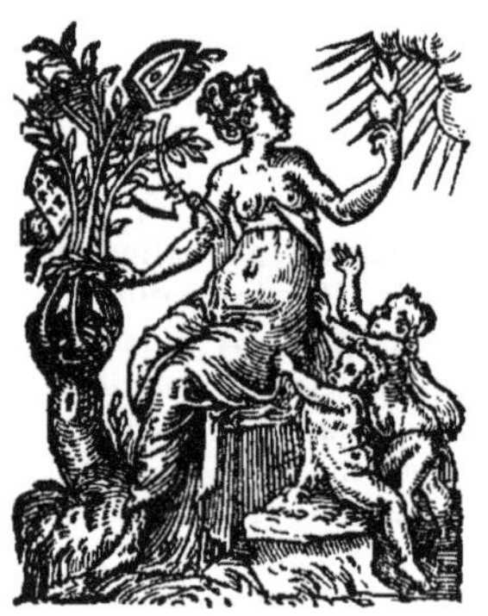

A PARIS,

Par Richard Breton, Rue S. Iaques,
à l'Efcreuiffe d'argent.

M. D. LXV.

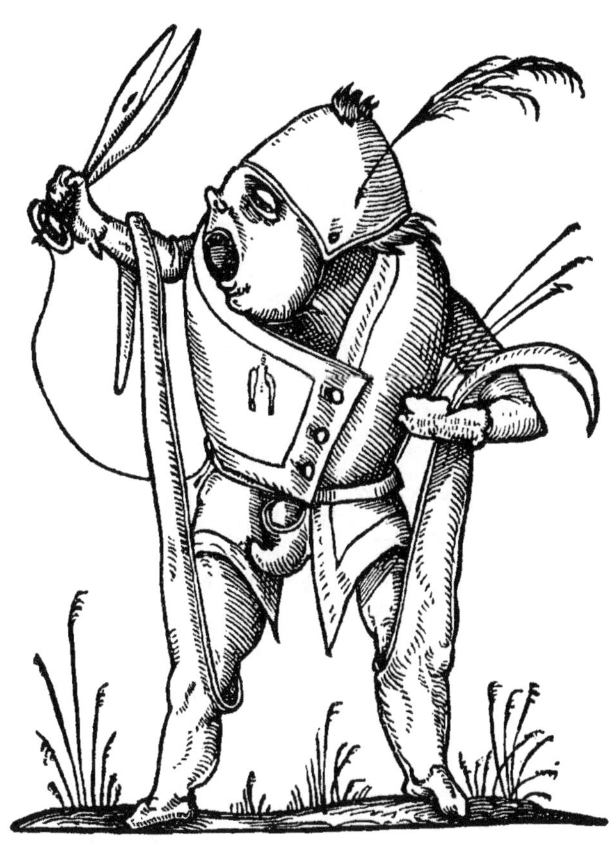

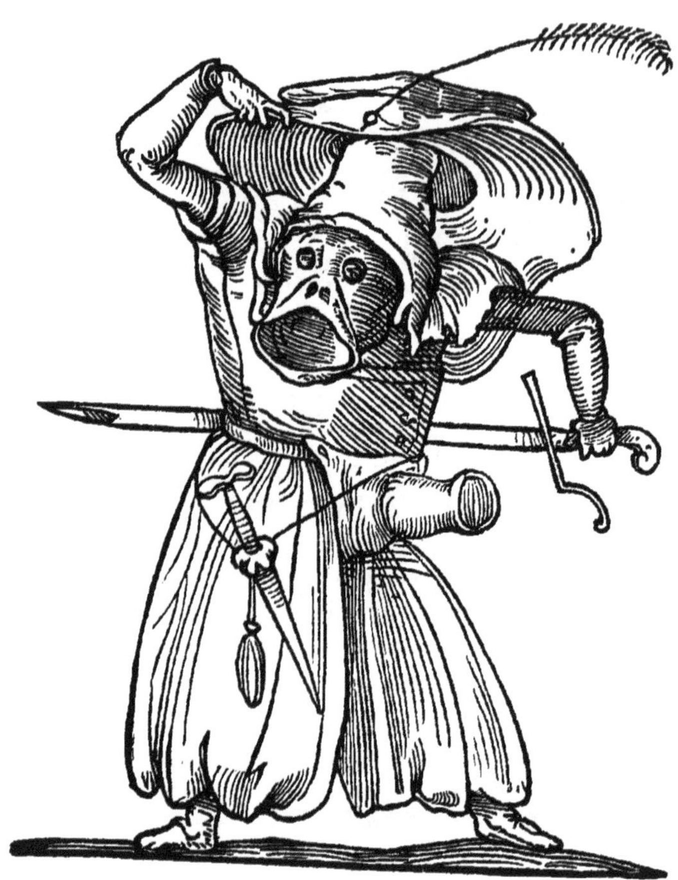

La Réimpression Figurée

DES ʃONGES DROLATIQUES

DE ʄANTAGRUEL

paraîtra au mois de novembre 1868.

Les 120 planches, qui composent ce célèbre recueil des *"Figures de l'Invention de Maistre Françoys Rabelais"* incomparable monument de la verve satyrique du XVIe siècle, ont été *gravées sur bois*, par un grand artiste J. G. Flegel de Leipzig, et tirées dans l'imprimerie et sous la direction de M. W. Drugulin, le célèbre Iconophile.

Ce sont des véritables chefs d'oeuvre, où l'art allemand s'est fait le patient et expressif traducteur du génie capricieux du Caricaturiste Gaulois.

L'introduction et les remarques qui précèdent les gravures sortent des presses de M. Louis Perrin de Lyon.

Les divers papiers et le vélin sur lesquels a été tiré ce charmant volume ont été fabriqués par les premières maisons de France, d'Angleterre et d'Allemagne. Nous sommes fiers de pouvoir présenter aux bibliophiles cette précieuse réimpression comme l'une des plus parfaites productions de la gravure et de la typographie au XIXme siècle.   L. T.

Prix sur papier vergé...........................	20 —
„ „ papier vélin (Whatman, à la cuve)	25 —
„ „ papier de Chine......................	36 —
„ „ Peau de vélin	240 —

Imprimerie de W. Drugulin à Leipzig.

9 782329 546490